中国社会科学院小语种与科研亟需人才出访研修资助项
北京高等学校高水平人才交叉培养"实培计划"项目成
中国社会科学院法学研究所创新工程项目成果

刑事司法制度管窥

法治进步的多视角分析

马 可 张克锋 孟宪明◎著

A Look at the Criminal Justice System
－Multi-perspective Analysis of the Progress of Rule of Law

经济管理出版社
ECONOMY & MANAGEMENT PUBLISHING HOUSE

图书在版编目（CIP）数据

刑事司法制度管窥：法治进步的多视角分析/马可，张克锋，孟宪明著 . —北京：经济管理出版社，2023.11

ISBN 978-7-5096-9501-2

Ⅰ . ①刑… Ⅱ . ①马… ②张… ③孟… Ⅲ . ①刑事诉讼—司法制度—研究—中国 Ⅳ . ①D925. 204

中国国家版本馆 CIP 数据核字（2023）第 229208 号

责任编辑：乔倩颖
责任印制：许　艳
责任校对：蔡晓臻

出版发行：经济管理出版社
　　　　　（北京市海淀区北蜂窝 8 号中雅大厦 A 座 11 层　100038）
网　　址：www. E-mp. com. cn
电　　话：（010）51915602
印　　刷：唐山昊达印刷有限公司
经　　销：新华书店
开　　本：720mm×1000mm/16
印　　张：10. 5
字　　数：150 千字
版　　次：2023 年 12 月第 1 版　　2023 年 12 月第 1 次印刷
书　　号：ISBN 978-7-5096-9501-2
定　　价：68. 00 元

前　言

　　改革开放四十多年来，中国获得了巨大的发展，工业、农业、国防和科学技术都经历了翻天覆地的变化。经过中国人民的不懈努力，我国的工业生产能力已经位列世界第一，不仅在亚洲首屈一指，超过日本，而且在世界范围内超越欧洲诸国，甚至在总量上领先传统的工业巨人美国，成为了新的世界工厂。改革开放后，国家派遣大量留学生出国留学，学习世界最先进的科学知识和技术。通过刻苦学习和认真钻研，广大留学生把一流的基础科学和应用技术带回中国，极大地促进了我国各门类工农业技术和各学科科学知识的发展。2003 年中国航天员第一次乘坐中国自行制造的宇宙飞船神舟五号进入太空，接着神舟六号、七号等神舟系列飞船将更多的中国航天员送入了太空。我国的天宫空间站也已经建成，美国主导的国际空间站报废后，在很长的时间内，中国的天宫空间站将成为地球上空唯一的空间站。在交通领域，我国已经建成了全世界最大规模的高铁网，"八纵八横"的高速铁路网和四通八达的公路网让国内交通快速便捷。在航空领域，国产大飞机已经展翅翱翔，运输机运-20 的性能直逼"大力神"；武装直升机大量生产装备陆军，歼-10、歼-16、歼-20 达到甚至超越了欧洲战斗机的水平。在航运造船领域，中国的商业造船能力已经位居世界前列，从万吨巨轮到特种船舶我们都能生产，商船队规模居世界第一，我国自行建造的航母、驱逐舰、护卫舰、潜艇则筑起了坚固的"海上长城"。

现在，我们可以自豪地宣称，四个现代化都已经基本实现。四个现代化的基本实现是在中国共产党的领导下，工人、农民和知识分子共同努力的结果。工业、农业、国防和科学技术的现代化，使中国成为了一个后发的强大国家。中国的巨大进步不仅表现在工业、农业和科学技术这些物质层面，社会主义民主法治建设的进步同样有目共睹。经过改革开放四十多年的努力，中国特色社会主义法律体系已经基本建成，各个法律部门都有了长足的进步，法律规范日臻完善。党的十八大以来的法治进步更是不争的事实，刑法、刑事诉讼法、民法、民事诉讼法等法律法规不断修改完善，一系列行之有效的司法改革也稳步推进。

刑事诉讼是一国刑事司法制度的动态表现。笔者一直认为，将"刑事诉讼法"称为"刑事制度法"或许更为合理，因为它并非仅仅是辅助于刑法实施的一部程序法。在很多时候，它负担着规定一个国家刑事司法制度和刑事追诉程序的重任，其内容包括涉及刑事诉讼的行政司法机关的职权和分工，以及审判制度和审前制度（侦查制度和审查起诉制度）。笔者认为，任何一个国家的刑事诉讼法都应当承担三个任务：其一，设置一国的刑事诉讼制度并对职能机关的司法职权加以配置；其二，设置追究犯罪的可操作程序以正确适用刑事实体法避免错案；其三，设置遏制违法诉讼行为的制度以正确执行刑事程序法合法追究犯罪。

《中华人民共和国刑事诉讼法》（以下简称《刑事诉讼法》）于1979年颁布，与改革开放几乎同龄，四十多年来通过广大学者和司法工作者的不懈努力，刑事诉讼领域的一般性问题大多得到了解决，或体现在法律的修订上，或体现在学理的共识上。在这个宏大的时代，作为刑事诉讼学者，探索刑事诉讼的本质和规律，以此预见中国刑事诉讼的趋势，也许是《刑事诉讼法》

即将颁行 45 周年之际，我们应当肩负起的新使命。通过对里程碑式的宏观问题和具体的微观问题的研究，我们会更接近刑事诉讼的本质和规律。鉴于篇幅所限，本书很难对我国每一个制度和程序的进步都进行详细梳理和分析，只能选取若干具有中国特色的刑事司法制度和程序，加以观察分析和研究，管中窥豹，对我国司法进步进行多视角多层次分析。本书的研究共分为五章：第一章讨论刑事立案制度存在的现实意义，第二章分析我国刑事诉讼领域人权保护的新发展，第三章讨论未成年人刑事司法和良性社会化的关联融合，第四章概括评述员额制改革，第五章描述分析上海试点经验。这五章从五个视角对我国刑事司法制度的进步加以描述和分析，这些视角具有内在的逻辑联系。刑事立案制度（第一章）是非常具有中国特色的刑事司法制度，其他国家基本没有这一制度。对这一制度进行讨论是对刑事诉讼制度里中国特色制度的肯定。人权保护（第二章），特别是刑事领域的人权保护一直是域外关注的重点，对这一领域的进步进行讨论是对中国人权保护不断进步的肯定。未成年人刑事司法（第三章）是全球关注的热点问题，也是世界范围内的难题。我国社会治安综合治理的方法（未成年人良性社会化）恰恰是解决这一难题的良策，具有在世界范围推广的价值。员额制司法改革（第四章、第五章）是党的十八大以来推进的一系列司法改革的统称，是我国提高司法效率的有益尝试，体现了我国的道路自信、理论自信、制度自信、文化自信。第四章是从宏观视角对司法改革的描述，即对员额制系列改革在全国的开展进行整体阐释，对各地司法改革的相关问题进行概括性研究。第五章则是从微观视角对司法改革的分析，上海是员额制司法改革最早的试点之一，该章梳理了上海司法改革的相关理论问题，对上海司法改革过程中的经验进行了总结。这五个视角，分别是传统制度继承视角（第一章刑事立案制度）、制度创新的宏观视角（第四章员额制改革）、制度创新的微观视角（第五章上海试点）、国际共同关注的热点难点视角（第三章未成年人刑事司法和良性社会化），以及东西方人权斗争领域的人权保护视角（第二章刑事诉讼领域的人权保护）。本书从上述五个角度对我国刑事司法制度的进步进行分析，从传统到创新，从热点到难点，从国内到国际，从宏观到微观，虽然都是管中窥豹，不过由于视角的多维，亦可以对中国刑事法治的进步加以粗疏的描绘。

目　录

第一章　刑事立案制度
存在的现实意义

立案制度是非常具有中国特色的刑事司法制度，其他国家基本没有这一制度。从传统制度继承的视角，对立案制度进行研究具有现实意义，也是对中国特色刑事诉讼制度的肯定。

第一节　立案概述

一、立案的概念、特征及性质

刑事诉讼中的立案，是指公安机关、人民检察院、人民法院对于报案、控告、举报、自首等材料，依照管辖范围进行审查后，根据有无犯罪事实发生和应否追究刑事责任的情况等法定条件，决定是否作为刑事案件进行侦查或审理的一种诉讼活动。

立案作为启动刑事诉讼的法定程序，具有以下特征：

第一，立案是刑事诉讼一个独立、必经的法定程序，是启动刑事诉讼活动的标志。首先，立案与侦查、提起公诉、审判等诉讼阶段相并列，具有特定的诉讼任务和实现任务的特定程序和方式，诉讼主体之间形成了特定的刑事诉讼法律关系，因而具有独立性。其次，公、检、法等机关办理任何刑事案件都必须经过立案阶段。尽管刑事诉讼中有立案、侦查、提起公诉、审判、执行等相对独立的诉讼阶段，某些案件可能不经过其中一个或几个阶段（如自诉案件不经过侦查、提起公诉），但是，所有的刑事案件都必须经过立案阶段。最后，从我国刑事诉讼法的结构体例上看，我国的刑事诉讼（公诉案件）中的职权机关在立案前虽可以进行调查，即必要时可以采取勘探、检查、查询、鉴定和询问知情人等一般调查方法，但是如《人民检察院刑事诉讼规则》（以下简称《刑诉规则》）第一百六十九条所规定，在举报线索的初查过程中，只能进行询问等不限制被查对象人身、财产权利的措施，不得对被查对象采取强制措施，不得采用查封、扣押、冻结被调查对象的财产等强制性侦查手段。根据《刑事诉讼法》的规定，人民检察院和公安机关对案件进行的侦查活动，以及人民法院对案件的审判活动，均应在立案以后进行。立案作为一个独立的诉讼阶段，其任务是审查有关检举、举报、自首的案件在事实和证据方面的情况以及管辖权的问题。经过审查，公安、司法机关判明是否存在犯罪事实和是否需要追究刑事责任，这是公安、司法机关对案件在程序上的第一次筛选。经过筛选，符合法定条件的一部分案件进入下一个程序，另一部分案件在此阶段就结束了，即不予立案。立案程序不仅提高了诉讼的效率，同时还有效维护了人民群众的合法利益。

第二，立案作为一种重要的诉讼活动，只具有程序上的意义，而不具有证明或确认犯罪的实质上的功能。立案只表明国家对有关涉嫌犯罪的事实或犯罪嫌疑人要进行专门的调查，而被立案调查的事实可能是犯罪事实，也可能经调查后侦查机关或审判机关认为不是犯罪或不需要追究刑事责任，立案程序因此而结束。如果立案机关有证据证明有犯罪事实并且需要追究刑事责任，则案件进入下一个诉讼程序，即转为侦查阶段或审判阶段。

刑事立案的性质，在我国理论界存在着不同的观点，主要有"决定说"和"阶段说"。"决定说"顾名思义就是认为刑事立案是刑事诉讼阶段中的一种决定，即公安机关、人民检察院、法院在接受控告、检举或犯罪人自首后，应当进行审查，认为有犯罪事实需要追究刑事责任的，应做出依法追究的决定，做出的这种决定在诉讼中叫作立案。① 而"阶段说"则认为，刑事立案是公安机关、人民检察院、人民法院对报案、控告、举报和犯罪人自首等方面材料进行审查，判明是否有犯罪事实并需要追究刑事责任，依法决定是否作为刑事案件交付侦查或审判的诉讼活动。② 从《刑事诉讼法》的立法初衷来看，刑事立案包括了从受案、审查及做出是否立案的决定的全过程，因此"阶段说"较为合理。

二、立案制度的确立

苏联及东欧各国一般都将提起刑事诉讼作为刑事诉讼开始的一个独立阶段。③ 有学者认为，提起刑事诉讼具有体现阶段独立性的全部特征，并具有重要意义：一方面，它能够保证使每一个犯罪行为都受到严肃的处理；另一方面，它能够及时防止追究那些不具有犯罪特征的事实，或者从根本上杜绝这种情况。诉讼程序的这一阶段是这种程序的一个过滤器，它能使有关国家机关在任何情况下都集中精力加强同犯罪行为进行斗争。④

---

① 刘根菊：《刑事立案论》，中国政法大学出版社 1994 年版，第 8 页。
② 樊崇义主编：《刑事诉讼法》，中国政法大学出版社 1996 年版，第 253 页。
③ 现有独联体及东欧各国即使在演变之后，仍沿用了从前立法所确定的规范。参见程味秋：《外国刑事诉讼法概论》，中国政法大学出版社 1994 年版，第 206 页。
④ ［苏］切里佐夫：《苏维埃刑事诉讼》，中国人民大学刑法教研室译，法律出版社 1955 年版，第 205 页。

中华人民共和国成立时，由于意识形态等多方面的原因，我国曾经全面继受苏联的政治、经济、法律制度。在这样的历史背景下，在1979年《刑事诉讼法》制定以前，无论是理论上或实践中通常直接借用苏联的"提起刑事案件"来指称刑事诉讼的启动程序。1979年制定的《刑事诉讼法》在总结长期以来刑事司法工作的成功经验基础上，为使文字通俗易懂，将提起刑事案件改为"立案"程序作专章规定在"侦查"程序之前，作为刑事诉讼的启动程序。

三、立案的材料来源

立案必须有一定的证明刑事案件情况发生的事实材料为依据，即必须有一定的材料来源。立案材料来源，是指公安、司法机关获取有关犯罪事实及犯罪嫌疑人情况的材料来源、渠道或途径。根据现行《刑事诉讼法》① 的规定，立案的材料主要来源于以下三个方面：

一是《刑事诉讼法》第一百零九条规定："公安机关或者人民检察院发现犯罪事实或者犯罪嫌疑人，应当按照管辖范围，立案侦查。"公安机关、人民检察院在案件侦查、审查批捕或者审查起诉时发现其他的犯罪事实或者犯罪嫌疑人的案件在刑事案件中占有一定比例。公安机关作为国家治安保卫部门，在处理日常治安保卫工作中发现的犯罪事实或犯罪嫌疑人，也是立案材料的重要来源。

二是单位和个人的报案、举报和控告，这是立案材料最重要的来源。《刑事诉讼法》第一百一十条规定："任何单位和个人发现有犯罪事实或者犯罪嫌疑人，有权利也有义务向公安机关、人民检察院或者人民法院报案或者举报。被害人对侵犯其人身、财产权利的犯罪事实或者犯罪嫌疑人，有权向公安机关、人民检察院或者人民法院报案或者控告。"这是在刑事诉讼中依

---

① 若无特别说明，书中《刑事诉讼法》指的是现行2018年修正案。

靠群众原则的具体表现，公安机关、人民检察院和人民法院只有充分发动人民群众、依靠人民群众，才能准确及时地处理案件，平息当事人之间的矛盾，有效地维护社会稳定。报案是指单位和个人以及被害人发现有犯罪事实发生，但尚不知道犯罪嫌疑人是谁而向公安机关、人民检察院或人民法院报告的行为；举报是指任何单位和个人对发现的犯罪事实和犯罪嫌疑人向公安机关、人民检察院或人民法院检举和告发；控告是指遭受犯罪行为侵害的单位或个人向公安机关、人民检察院或人民法院控诉和告发犯罪嫌疑人的有关犯罪事实，并要求公安机关、人民检察院或人民法院追究其刑事责任的行为，对于被害人死亡或者丧失行为能力的，其法定代理人、近亲属也有权提出控告。

根据《刑事诉讼法》第一百一十条第三款规定，公安机关、人民检察院或者人民法院对于报案、控告、举报，都应当接受。对于不属于自己管辖的，应当移送主管机关处理，并且通知报案人、控告人、举报人；对于不属自己管辖而又必须采取紧急措施的，应当先采取紧急措施，然后移送主管机关，以防止犯罪嫌疑人逃跑或造成更大的危害。

三是犯罪人的自首。自首是指行为人犯罪以后自动投案，如实供述自己罪行的行为。这是公安、司法机关立案材料的来源之一。自首一般是行为人未被公安、司法机关询问或采取强制措施前主动向公安机关、人民检察院或人民法院交待自己的罪行，并接受审查和裁判的行为。除此之外，根据《最高人民法院关于处理自首和立功具体应用法律若干问题的解释》的规定，犯罪嫌疑人向其所在单位、城乡基层组织或者其他有关负责人员投案的，或者先以信电投案的，或者正在投案途中被公安机关捕获的等，都应视为投案自首。对投案自首的犯罪嫌疑人根据《刑法》有关规定可以从轻或者减轻处罚，其中，犯罪较轻的，可以免除处罚。

四、立案的条件

立案的条件是指决定立案所必须具备的法定的基本要件，它是判明立案决定是否正确、合法的基本依据。《刑事诉讼法》第一百一十二条规定："人民法院、人民检察院或者公安机关对于报案、控告、举报和自首的材料，应当按照管辖范围，迅速进行审查，认为有犯罪事实需要追究刑事责任的时候，应当立案；认为没有犯罪事实，或者犯罪事实轻微，不需要追究刑事责任的时候，不予立案，并且将不立案的原因通知控告人。控告人如果不服，可以申请复议。"这一规定说明，公安、司法机关在收到立案材料后经过审查对符合条件的报案、控告、举报和自首决定是否立案。因此立案必须同时满足三个条件：一是公安、司法机关认为有犯罪事实；二是需要追究刑事责任；三是属于自己管辖范围。

1. 公安、司法机关认为有犯罪事实

有犯罪事实是决定立案的事实条件。目前就立案的事实条件，普遍认为应当是"有犯罪事实存在"。其中较具代表性的观点认为，有犯罪事实包括两方面的含义：需要立案追究刑事责任的必须是依照《刑法》规定构成犯罪的行为，而非一般违法、违纪等行为，即立案时首先划清罪与非罪的界限；必须有一定的证据证明犯罪事实确已发生和存在，绝非出于司法工作人员的主观想象或猜测。我们认为，这种观点过于强调案件客观事实本身，而忽视了公安、司法人员对客观事实的认识。由于立案时认识的依据与经过侦查及起诉后的依据不同，因此，现实中才会发生决定立案后，经侦查又撤销案件；或决定不立案后，又发现有新事实、新证据，认为需要立案等情况。因此，决定立案或不立案，对事实根据的理解并不是有或没有犯罪事实，而是根据法律的规定认为有或没有犯罪事实。公安、司法机关认为有犯罪事实存在是建立在一定的证据基础上的，并不完全是主观猜测。然而，此时的证据并不要求达到充分的程度，也不要求一定要查获犯罪嫌疑人，更不要求查明全部案件的事实和情节。

有犯罪事实存在是决定立案的首要条件，但是，法律并不要求具备能够证明犯罪的一切情节和犯罪人是谁的证据，更不要求具备刑法学上犯罪构成的要件，只要有一定的材料证明犯罪事实存在，就具备立案的事实条件。

2. 需要追究刑事责任

这是决定立案的一个法律条件。需要追究刑事责任是犯罪事实在法律上的否定性评价后果之一，只有当公安、司法机关认为这种犯罪事实根据相关法律规定，确需追究行为人的刑事责任时，公安、司法机关才予以立案。因此，对于法律规定不需要追究刑事责任的行为，由于缺乏立案的法律条件，公安、司法机关就不能立案。根据《刑事诉讼法》第十六条的规定，有下列情形之一的，不追究刑事责任：情节显著轻微，危害不大，不认为是犯罪的；犯罪已过追诉时效期限的；经特赦令免除刑罚的；依照刑法告诉才处理的犯罪，没有告诉或者撤回告诉的；犯罪嫌疑人、被告人死亡的；其他法律规定免予追究刑事责任的。因此，具有上述情形之一的，公安、司法机关应当不予立案，已经立案的，应当撤销案件。

从理论上讲，立案需要以上两个条件同时具备，二者缺一不可。但是在司法实践中，侦查之前，乃至审判之前，很难确定行为人的行为的具体性质，也就是说，是否需要追究其刑事责任，不能全部在侦查以前的立案阶段确定，甚至有些情况需要通过审判才能确定是否需要追究刑事责任，因此，决定立案与否应主要依据事实条件。

3. 属于自己管辖范围

这是决定立案的另一个法律条件。所谓管辖范围是指《刑事诉讼法》就管辖范围所做的规定。立案是刑事诉讼的开始，公安、司法机关只有严格遵守立案的法定条件，并结合司法实践经验，准确把握各自的受案范围，保证刑事诉讼活动从一开始就能正确、合法、及时地进行，从而有效地维护诉讼当事人的合法利益，为顺利完成刑事诉讼法的任务奠定基础。

五、立案的意义

立案作为刑事诉讼的开始和必经程序，同时也是进行侦查或审判活动的依据和前提。立案在刑事诉讼中的重要意义，主要表现在以下几个方面：

第一，正确、及时立案，有利于迅速发现犯罪，准确地揭露、证实、打击犯罪。公安、司法机关一旦发现已经发生及预备或者正在实施并需要追究刑事责任的犯罪行为，必须准确、及时地立案，迅速有效地组织力量，集中精力开展侦查或审判，揭露和惩罚犯罪。

第二，正确、及时立案，有利于保障公民的合法权益不受侵犯。公安、司法机关通过对受案材料的审查，对判明不属于其立案受理范围的，应当移送有关单位或作出不立案处理，避免对那些行为不构成犯罪或者具有法定不追究情形的公民进行刑事追究。因此，只要立案活动在质量上把好关，刑事诉讼从一开始就能保障公民不受非法追诉，并使有罪的人依法受到追究。从刑事诉讼的第一道关口上保障公民的合法权益不受侵犯，充分体现了我国社会主义法治尊重人权的原则。

第三，正确、及时立案，有利于综合治理社会治安秩序，防范、打击和制止各种犯罪。通过对立案材料的审查和综合分析，能够发现和掌握各种违法犯罪行为的特点及作案手段，使立法和执法机关及时了解社会治安，洞悉规律，分析形势，从而制定相应的法律、法规，利用适时的对策，将打击犯罪与预防犯罪有机结合起来，搞好社会治安综合治理。

第二节 立案的程序

一、立案材料的接受

根据《刑事诉讼法》第一百一十条第三款、第四款的规定，公安、司法机关对于任何单位和个人的报案、控告或举报以及行为人的自首，无论是否属于自己管辖都应该接受材料。对于不属于自己管辖的案件，应当移送主管机关处理，对于不属于自己管辖而又必须采取紧急措施的，例如为了防止行为人逃跑、毁灭证据、自杀或继续犯罪等紧急事件的发生，公安、司法机关应当先采取紧急措施，然后移送主管机关，目的是保证其后的侦查、起诉和审判程序能够顺利进行。公安机关对于公民扭送、报案、控告、举报或者犯罪嫌疑人自动投案的，都应当立即接受。

根据《刑事诉讼法》第一百一十一条第一款的规定，报案、控告、举报可以用书面或者口头提出。对以口头提出的报案、控告或举报，公安、司法机关应当写成笔录，经宣读无误后，由报案人、控告人或举报人签名或盖章，以保证笔录内容的准确、合法。必要时，公安机关可以录音、录像。

公安机关对扭送人、报案人、控告人、举报人、自动投案人提供的有关证据材料、物品等应当登记，制作接受证据（物品）清单，并由扭送人、报案人、控告人、举报人、自动投案人签名。必要时予以拍照或者录音、录像，并妥善保管。公安机关接受案件时，应当制作接受案件登记表，存档备查。

实践中应严格区分诬告与错告。诬告是行为人故意捏造事实、伪造证据，作虚假告发，意图陷害他人，使他人受刑事追究的行为。《中华人民共和国刑法》第二百四十三条规定："捏造事实诬告陷害他人，意图使他人受刑事追究，情节严重的，处三年以下有期徒刑、拘役或者管制。"而错告则是行为人由于认识上的错误或者因为对情况不十分了解而致使所告之事与事实有出入的行为。因此，根据《刑事诉讼法》第一百一十一条第二款的规定，接受控告、举报的工作人员，应当向控告人、举报人说明诬告应负的法律责任。但是，只要不是捏造事实，伪造证据，即使控告、举报的事实有出入，甚至是错告的，也要和诬告严格加以区别。《刑事诉讼法》这样规定，一方面解除了报案人、控告人和举报人的思想顾虑，鼓励他们一旦发现有任何违法犯罪行为，应积极主动向公安、司法机关报告；另一方面也警告了那些企图利用虚假告发，意图陷害他人的不法分子。

为了保护公民同违法犯罪斗争的积极性，《刑事诉讼法》第一百一十一条第三款规定："公安机关、人民检察院或者人民法院应当保障报案人、控告人、举报人及其近亲属的安全。报案人、控告人、举报人如果不愿公开自己的姓名和报案、控告、举报的行为，应当为他保守秘密。"根据这一规定，报案人、控告人和举报人不仅有权要求公安、司法机关为其报案、控告和举报行为保守秘密，同时为了防止因报案、控告和举报遭受打击报复或威胁，而要求保障其与近亲属的人身和财产安全。

二、对立案材料的审查和处理

对立案材料的审查，是指公安、司法机关对接受的案件材料依法进行调查，并按照管辖范围进行核实，以决定是否应当立案的活动。立案作为独立的诉讼程序，立案质量的好坏直接关系后续追诉活动正确、有效地开展和避免无罪的人受到非法追诉。因此，根据《刑事诉讼法》第一百一十二条的规定，人民法院、人民检察院或者公安机关对于报案、控告、举报和自首的材料，应当按照管辖范围，迅速进行审查，以认定是否有犯罪事实发生，是否需要追究刑事责任，从而决定是否应当立案。公安、司法机关对立案材料进行审查时，可以要求报案、控告、举报的单位和个人提供补充材料，或者要求他们作补充说明，也可以进行必要的调查。

需要注意的是，公安、司法机关在立案材料的审查活动中是否可以采取侦查措施？由于立案程序是刑事诉讼的第一道程序，因此，只有决定立案后，刑事诉讼程序才开始进行。然而，决定立案前不应采取侦查措施，并不排除公安、司法机关在审查立案材料活动中借助某些具有侦查特点的方法，这与侦查程序中的侦查活动有质的区别。正如法院在必要的时候，可以进行勘验、检查、搜查和鉴定等具有侦查特点的活动，并不意味着法院拥有侦查权一样，决定立案前采取的上述方法，其性质也只能是对立案材料的审查活动。公安机关对案件事实或者线索不明，需要进行初查的，经办案部门负责人批准，可以采取讯问、查询、勘验、鉴定和调取证据材料等不限制被调查对象人身、财产权利的侦查措施。

公安、司法机关对立案材料进行审查后，应分不同情况予以相应处理：

1. 决定立案

公安、司法机关经过对立案材料的审查，认为符合立案条件的，即认为有犯罪事实发生，需要追究刑事责任，且属于自己案件管辖范围的，应当依法作出立案的决定。

公安机关受理案件后，经过审查，认为有犯罪事实需要追究刑事责任，且属于自己管辖的，先由承办人员填写《立案报告表》，内容包括填报单位、案别、编号、发案时间和地点、伤亡情况以及财物折款、案情概述、承办人员及填表时间等。然后制作《立案请示报告》，经本机关或部门负责人审批后，制作《立案决定书》。最后经县级以上公安机关负责人批准，予以立案。

对疑难、复杂、重大、特别重大案件决定立案侦查的，应当拟定侦查工作方案。侦查工作方案应当包括以下内容：对案情的初步分析和判断，包括对线索来源可靠程度和涉嫌范围的测定；侦查方向和侦查范围；为查明案情需要采取的措施；侦查力量的组织和分工；需要有关方面配合的各个环节如何紧密衔接；侦查所必须遵循的制度和规定；如属预谋犯罪案件，还应当提出制止现行破坏和防止造成损失的措施。

属于人民检察院直接受理的案件，还要报请上级人民检察院备案，上级人民检察院认为不应当立案的，以书面形式通知下级人民检察院撤销案件。

2. 决定不立案

公安、司法机关经过审查如果认为不符合立案条件，即有《刑事诉讼法》第十六条规定的情形的，应当作出不立案的决定。

公安机关接受立案材料的，办案部门应当制作呈请《不予立案报告书》，经县级以上公安机关负责人批准。对于决定不立案的，应当制作《不立案决定书》，写明案件的材料来源、决定不立案的理由和法律依据，决定不立案的机关等，由负责审批人签名或盖章。

根据《刑事诉讼法》、《公安机关办理行政案件程序规定》以及《刑诉规则》的有关规定，如果案件材料来源于控告人提出的控告，公安机关决定不予立案的，还应当制作《不予立案通知书》，在七日内送达控告人。控告人对于公安机关不立案决定不服的，在收到《不予立案通知书》后七日内，有权向原作出决定的公安机关申请复议，接受复议的机关应当在收到复议申请后十日内作出决定，并将复议结果书面通知控告人。控告人如果对复议结果不服的，还有权向人民检察院提出申诉，请求人民检察院依立案监督程序要求立案。

3. 撤销案件

对于经过侦查，发现有犯罪事实需要追究刑事责任，但不是某犯罪嫌疑人实施的，应当对该犯罪嫌疑人终止侦查，并对该案件继续侦查。需要撤销案件或者终止对犯罪嫌疑人侦查的，办案部门应当制作《撤销案件或者终止对犯罪嫌疑人侦查报告书》，报县级以上公安机关负责人批准。《撤销案件或者终止对犯罪嫌疑人侦查报告书》包括以下内容：原来立案的根据和来源，案件侦查的结果，撤销案件或者终止对犯罪嫌疑人侦查的理由和根据。公安机关决定撤销案件或者终止对犯罪嫌疑人侦查时，犯罪嫌疑人在押的，应当立即释放，发给释放证明。犯罪嫌疑人被逮捕的，通知原批准逮捕的人民检察院。对犯罪嫌疑人采取其他刑事强制措施的，应当立即解除强制措施。公安机关做出撤销案件决定后，应当在三日内将撤销案件的决定告知控告人、被害人或者其近亲属、法定代理人以及案件移送机关。公安机关撤销案件或者终止对犯罪嫌疑人侦查以后又发现新的事实或者证据，认为有犯罪事实需要追究刑事责任的，应当重新立案侦查。

4. 移送案件

经过审查，认为有犯罪事实，但不属于自己管辖的案件，应当在 24 小时内，经县级以上公安机关负责人批准，签发移送案件通知书，移送有管辖权的机关处理。

经过审查，对于告诉才处理的案件，公安机关应当告知当事人向人民法院起诉。人民法院受理的，公安机关应当将案件移交人民法院。对于被害人有证据证明的轻微刑事案件，公安机关应当告知被害人向人民法院起诉；被害人要求公安机关处理的，公安机关应当依法受理。

第三节　立案存在的意义

一、刑事立案程序与公民人权保护

1. 刑事立案程序有利于保证侦查权在行使中尊重和保障人权

"人权是全部人类所拥有的权利。他们应该拥有这种权利，仅仅因为他们是人，与他们所在的城市、他们的国籍、种族、民族性、语言、性别、性关系或能力无关。"①"尊重和维护人的尊严对任何国家行为，立法、司法、执行机构均是一种有约束力的法律原则。"② 2004 年，我国首次将"国家尊重和保障人权"正式写入宪法，尊重和保障人权成为国家根本大法的一项原则，这对在刑事立案程序中加强人权保护具有重要的指引意义。

刑事立案程序有利于保证侦查权在行使中尊重和保障人权。具体而言，刑事立案须在有一定的根据表明犯罪行为已经发生、特定的人具有犯罪嫌疑的情况下才可进行，不能毫无根据、毫无理由地使任意公民卷入刑事诉讼活动中，即对刑事追诉机关启动刑事追诉权力进行限制，防止其滥用、误用。对刑事追诉权启动的限制就是对人权的保障，这一点体现在刑事立案的屏蔽与过滤功能上。一个人应是通过刑事立案这一关口从正常的社会生活卷入刑事诉讼活动中的，由此刑事立案是前承社会正常生活、后启刑事诉讼活动的桥梁，该人也就因此在刑事诉讼活动中负担起相应的法律义务。从这一意义上说，刑事立案的保障人权价值表现为：

一是对于社会正常生活而言，刑事立案的屏蔽功能体现为对普通公民正常社会生活的保护。即通过对刑事追诉启动的控制，排除没有启动刑事追诉根据的情形，以防止刑事追诉毫无理由地随意启动而被滥用从而不正当地影响和妨碍普通公民的正常社会生活。一方面，刑事诉讼对被追诉人正常生活的消极影响尽管在具体案件中表现为对特定公民的影响，但由于每一个社会成员都可能成为潜在的被追诉人，因此刑事诉讼的进行关涉到整个社会的每一个社会成员。另一方面，在收集证据的过程中，国家有权采取强制性手段

① ［英］肯尼思·麦克利什：《人类思想的主要观点——形成世界的观念（中）》，查常平等译，新华出版社 2004 年版，第 689 页。

② ［德］乔治·恩德勒等主编：《经济伦理学大辞典》，王淼洋等译，上海人民出版社 2001 年版，第 324-325 页。

对特定地区的生活进行必要的控制，对能够证明犯罪的任何物品进行扣押，要求任何知晓案件事实的公民作证。因此，刑事诉讼的取证过程对普通公民的影响是直接的、随机的。由于刑事诉讼活动在多方面影响着公民的日常生活，现代国家均对刑事诉讼活动的启动予以严格控制。因此通过一定的程序，排除那些明显属于法律要求不得或者不应当进行刑事追诉的案件，其客观效果即是对公民正常生活的保护。

二是相对于刑事诉讼活动的启动而言，刑事立案的过滤功能则体现为排除明显不得或不应进行刑事追诉的案件。作为衔接社会生活和刑事诉讼活动的桥梁，刑事立案每天要接受许多有关犯罪活动的信息和线索，对此不加区别和分析地——予以立案侦查，既不必要也不现实。因而，为了保证追诉的准确性并防止诉讼资源不必要的浪费，同时也为了防止不正当地侵扰公民个人权益，刑事立案还必须承担起案件的过滤作用。一方面，刑事诉讼只能针对犯罪行为而开展，故此，在罪刑法定原则约束下，刑事诉讼活动的范围是有限的、法定的，只能对刑法规范规定的犯罪行为作出反应。另一方面，如果该犯罪行为明显符合《刑事诉讼法》规定的不应进行刑事追诉的法定情形，也不得启动刑事追诉。刑事立案作为刑事诉讼的启动程序通过事前排除这些明显不得或不应进行刑事追诉的案件，保证了追诉方向的准确性，除了有助于避免司法资源的无效使用之外，也防止了因错误追诉而不正当地侵犯个人权益所造成的社会伦理成本。

2. 刑事立案程序有利于规范公安司法机关职权，进而保障公民人权

法律的重要功能就是规定权力的分配以及权力的具体内容，使权力合法，并为权力的运行制衡提供一个稳定的框架。法治的关键在于限制公权力的滥用，而制约权力则主要靠的是程序和制度。程序的作用在于将国家权力的行使纳入确定的轨道，在于使权力运作保持理性并适度，同时也使公民能够建立起对权力行使的合理预期和适当监督，用于限制恣意、规制权力、保障

权利。

刑事诉讼程序的启动或曰刑事案件的提起，直接关乎国家是否需要进行追诉活动，会使犯罪嫌疑人的生活状态发生根本的变化，决定国家有限司法资源的投放和社会效果，也决定被害人被侵害的权利是否能得到维护。刑事立案，通过严密的程序规定，规范了公安司法机关的职权，促进其依法履行职责，使刑事案件的提起有法可依、有章可循。通过限制公权力的恣意行使，既保障了公民的诉讼权利，也保障了宪法赋予公民的申诉控告权，进而保障了公民的人权。

立案条件的规定，为侦查机关决定是否提起刑事案件提供了明确的依据。符合立案条件的就必须开始刑事侦查；不符合立案条件的，可以不提起刑事诉讼。不符合立案条件，不需要追究刑事责任的，就应当制作《不立案决定书》，并告知控告人；构成行政违法行为，仍需要追究行政责任的，应当分流为行政处罚案件。

立案材料的接受明确了公安司法各机关接受立案的法定职责，并对立案材料的类型和接受程序作出了规定，避免了公安司法机关对公众报案的敷衍塞责，也使与立案材料接受相关的实务问题具有了可操作性。

立案材料的审查和处理则规定了公安司法机关接受立案材料后的具体工作内容，即如何对立案材料进行审查，判断是否符合立案条件。法律、法规、司法解释和部门规章，又对立案材料的审查和处理中可能会出现的各种情况进行了分类，分别规定了不同情况下的处理方法。这样就使公安司法机关对立案材料的审查和处理有章可循，减少了盲目性和随意性。

立案的救济则明确规定了在受案机关不予立案时，控告人可以采取的救济措施。力图通过这种规定解决公众刑事案件立案难的问题，在无法立案时，提供救济的路径。而立案监督也是一种广义的立案救济程序，是以检察机关对侦查机关的法律监督权为依据，运用公权力对公安机关等侦查机关不立案的情形进行监督。与由一般公众启动的立案救济程序相配合，共同为侦查人员玩忽职守或徇私枉法拒不立案的情况提供救济程序。

立案活动的不公正容易导致人们对公安司法机关失去信心，减损司法的公信力，也会使公众在法律之外另寻途径以自救，造成更多的社会不稳定因素。严密的程序规定，使刑事立案行为规范化；有利于促进公安司法机关依法履行职责，维护了法律的权威；有利于公民申诉控告权的行使，既是对公民诉讼权利和宪法权利的保障，也是对公民人权的保障。

二、刑事立案程序与被害人人权保护

现代刑事诉讼程序注重对公民人权的保护，这种人权保护的对象不仅包括犯罪嫌疑人、被告人，同时也包括被害人。实际上刑事诉讼，特别是刑事公诉，其本身就是对被害人权利的保护。如果必须对刑事诉讼程序进行阶段分析的话，那么立案程序实际上是被害人人权保护的重要阶段。

被害人在被犯罪侵害后，其健康权或生命权或贞操权或财产权受到了侵犯。国家作为社会契约的一方、公众的保护人，应当通过刑事诉讼惩罚罪犯，为被害人进行文明的"复仇"，恢复被破坏的社会关系。这既是国家职责的履行，同时也是对被害人人权的保障。

立案阶段需要解决的首要问题是被害人"告状无门"。因此，必须对立案材料的接收、立案材料的审查进行严格细致的规定，必须对立案的条件进行明确具体的规定。只有这样，才能使被害人"告状有门"，排除徇私枉法的腐败和玩忽职守的不作为，保护被害人的人权，避免被害人的二次被害。前文已经分析过刑事立案程序对人权的保障，后文将会专门分析一下立案救济对被害人人权的保障。

第四节　不能废除立案制度的原因

一些学者认为，我国《刑事诉讼法》中的立案程序设计不合理，立案制度既没有存在的价值，也没有存在的必要；立案制度存在种种弊端，应当予以取消。针对这些学者的质疑，下面专门分析一下我国立案程序存在的现实意义即不能废除立案制度的原因。

一、侦查权滥用的司法审查规制

侦查机关负有对犯罪进行侦查的职责，追求刑事实体法的实现。公安机关是我国的治安保卫机关，也是主要的侦查机关，性质上属于行政机关，其他侦查机关也大都具有行政机关性质。

因其行政机关性质，侦查机关更多关注效率价值，与司法机关对公正价值的优先关注存在一定差别。为顺利侦破犯罪，在司法实践中确实存在着一些侦查机关违法办案的现象：刑讯逼供、暴力取证、超期羁押屡禁不止，拘留、搜查、扣押、冻结、秘密监听随意运用。审前阶段，特别是侦查阶段是公民人身权、财产权和诉讼权利受侵犯最严重的阶段。行政性质公权力的专横不仅在刑事诉讼中有如此表现，在宪政层面亦然。世界各国都存在着行政权的专横问题，行政专横往往表现为代表国家行政公权力的行政机关对行政相对方（多为公民）的压迫，对公民权利的侵犯。在刑事诉讼中则表现为代表国家追诉犯罪的侦查机关[1]在行使公权力时侵犯相对方[2]的正当权利，乃至

---

[1]　检察机关也存在这种情况。

[2]　主要是犯罪嫌疑人（被告人）及其法定代理人、辩护人。

基本人权，或在实施诉讼行为时不遵守《刑事诉讼法》的规定，甚至公然实施程序性违法行为。世界各国为规制侦查权的滥用，建立了各种制度。这些制度各有特色，但却有一个重要的共同点，就是一般都要求由专门机关对侦查机关侦查行为的性质进行审查，也就是司法审查。

司法审查原则是指"法院充分发挥司法的能动作用，对国家强制权的合法性进行审查，以保障个人的权益，防止国家强制权的违法侵害"[1]。在英美法系国家和大陆法系国家，司法审查以多种不同的形式存在。但其实质，则都是由司法机关（法院）对侦查机关（和起诉机关）的诉讼行为进行审查。

比如，为了防止侦查机关随意对公民采取强制措施或强制性措施，英美法系国家建立了令状制度，大陆法系国家建立了二级预审法官制度，由法官对侦查机关准备实施的强制措施或强制性措施进行审查。此时侦查机关不但要提出强制措施或强制性措施的实施请求，而且要向法官证明实施该强制措施或强制性措施符合法定条件。再如，为了防止侦查机关实施程序性违法行为，英美法系国家建立了非法证据排除制度，大陆法系国家建立了诉讼行为无效制度。当辩方认为侦控机关的诉讼行为存在程序性违法时，可以提起司法审查之诉，此时侦控机关必须对自己诉讼行为的性质进行证明。无论是申请实施某一强制措施或某一强制性措施前的证明，还是对已实施诉讼行为合法性的证明，侦控机关的侦查行为和起诉行为都要通过司法机关的司法审查以确认其诉讼行为的合法性。通过这种方式，行政性质的侦控权得到了较好的控制，再也不能随心所欲地使用，而只能遵守程序法，以"合法"的形式"依法"使用。事实证明，司法审查能够很好地约束侦控机关的诉讼行为，使之在合法的轨道上运行，对规制侦控权等行政性质公权力的滥用可以起到实质性的遏制作用。

---

① 谢佑平、万毅：《刑事诉讼法原则：程序正义的基石》，法律出版社 2002 年版，第 130 页。

在我国，长期以来，取保候审、监视居住、搜查、冻结、秘密监听等大量诉讼手段的实施由侦查机关自行决定，而且是以内部行政审批式的方式决定。同样的诉讼手段的实施，在国外却往往由法官决定，其形式一般是司法裁判性质的司法审查。那么，我国侦查机关对上述诉讼手段行政审批式的裁决方式，其理论依据何在呢？恐怕很难说清。因此，运用司法权对审前阶段侦查行为进行审查，以规制侦查权的滥用，已成为国内有识之士的普遍主张。很多学者更是明确指出应当将强制措施和强制性措施的启动纳入司法审查的范畴，由法院以司法审查而不是行政审批的方式进行裁决。这也就意味着，审查批准逮捕不应由检察机关负责，而应由法院负责；取保候审、监视居住、搜查、秘密监听等其他强制措施或强制性措施必须结束侦查机关内部行政审批的状态，交由法院进行司法审查。那么，这种主张在中国今日之社会形势和现行法环境下是否有实现的可行性呢？我们在下文中加以分析。

二、建立司法审查制度的可行性分析

1. 价值分析

国外对侦查权规制的主要方式是司法审查，而国内学者也多主张通过司法审查制约我国存在侦查权滥用问题。可是，相对于我国今日之社会形势，司法审查制度在近期内有建立的现实可能性吗？我们首先从中国社会的大形势上进行价值分析。

虽然，在价值位阶上，自由价值高于秩序价值，但在实然的社会生活中，任何国家都在实际上将秩序价值置于自由价值之上。我国正处于由传统社会向现代社会转型的社会变迁之中，其规模之大、速度之快为人类历史所罕见。保证社会秩序在变迁中保持稳定，保证国家稳健持续的发展，保证改革不被内部动乱和外部干扰所中止，是现阶段中国司法机关必须承担的使命。在这一时期，秩序价值就不能不成为压倒一切的核心价值。

公安机关是我国的治安保卫机关，也是主要的侦查机关，肩负着维护社会秩序的重要职责。其职责是：预防、制止和侦查违法犯罪活动；防范、打击恐怖活动；维护社会治安秩序，制止危害社会治安秩序的行为；管理交通、消防、危险物品；管理户口、居民身份证、国籍、入境事务和外国人在中国境内居留、旅行的有关事务；维护国（边）境地区的治安秩序；警卫国家规定的特定人员、守卫重要场所和设施；管理集会、游行和示威活动；监督管理公共信息网络的安全监察工作；指导和监督国家机关、社会团体、企业事业组织和重点建设工程的治安保卫工作，指导治安保卫委员会等群众性治安保卫组织的治安防范工作。

公安机关通过实施侦查行为打击犯罪，维护法律的秩序价值。侦查中最重要的是法的效率价值，只有高效率地搜集证据，抓获犯罪嫌疑人才能有效地打击犯罪，维护社会秩序。因此，效率价值在侦查阶段是与秩序价值密不可分的。

司法审查固然可以遏制侦查权对人权的侵犯，保障法的自由价值。但也在客观上降低了侦查机关的侦查效率，直接影响法的效率价值，进而影响法的秩序价值。这种价值的权衡与我们此前对中国大形势的分析可能是矛盾的。故而，在短期内难以真正获得执政者和社会公众的普遍支持。

2. 法律分析

我们从中国社会的大形势上进行前文的价值分析不容乐观。那么，立足我国的现行法环境，司法审查制度在近期内有建立的现实可能性吗？

（1）司法审查制度与我国现行司法职能配置存在矛盾。我国《刑事诉讼法》第六十七条规定："……公安机关对……犯罪嫌疑人、被告人，可以取保候审。"第七十四条规定："……公安机关对……犯罪嫌疑人、被告人，可以监视居住。"第九十七条规定："犯罪嫌疑人、被告人及其法定代理人、近亲属或者辩护人有权申请变更强制措施。……公安机关收到申请后，应当在三日以内作出决定；不同意变更强制措施的，应当告知申请人，并说明不同意的理由。"

同时，《刑事诉讼法》第八十条规定："逮捕犯罪嫌疑人、被告人，必须经过人民检察院批准或者人民法院决定，由公安机关执行。"第八十七条规定："公安机关要求逮捕犯罪嫌疑人的时候，应当写出提请批准逮捕书，连同案卷材料、证据，一并移送同级人民检察院审查批准。必要的时候，人民检察院可以派人参加公安机关对于重大案件的讨论。"第九十五条规定："犯罪嫌疑人、被告人被逮捕后，人民检察院仍应当对羁押的必要性进行审查。对不需要继续羁押的，应当建议予以释放或者变更强制措施。"

根据《刑事诉讼法》的规定，我国的侦查机关有权决定采取拘传、取保候审、监视居住等强制措施，不需经过其他机关司法审查。侦查机关可以自行决定拘留，唯有逮捕侦查机关不能自行决定，需其他机关审查批准，审查批准机关还是同级检察院，而非法院。如果想建立司法审查制度，势必修改《刑事诉讼法》，而我国《刑事诉讼法》于2018年进行过修改，近几年内再修改的可能性微乎其微。《刑事诉讼法》不修改，依靠最高人民法院、最高人民检察院的司法解释和公安部的部门规章，调整公检法三机关的刑事诉讼职能配置也不可能。因为这些规范性文件的制定和修改肯定会严格遵照现行《刑事诉讼法》，而且最高人民法院、最高人民检察院的司法解释只能起到注释作用，撇开《刑事诉讼法》进行大幅度的扩张解释，甚至直接与《刑事诉讼法》相矛盾，其本身就是一种违法行为。公安部的部门规章更是《刑事诉讼法》的下位法，不能与上位法相冲突，否则便无效。

（2）司法审查制度甚至有可能与我国《宪法》的某些规定和立法精神不相符。我国《宪法》第一百二十八条规定："中华人民共和国人民法院是国家的审判机关。"也就是说，法院只是我国的审判机关，而非唯一的司法机关，这就意味着法院仅拥有审判刑事、民事、行政案件的审判权，由其对侦查机关的侦查行为进行司法审查，并没有法律依据。另外，我国《宪法》第一百三十四条规定："中华人民共和国人民检察院是国家的法律监督机关。"也就是说，法律监督权由检察机关行使，所以公安机关申请批准逮捕才由检察机关受理，即由检察机关在审查批准逮捕时行使法律监督权，对公安机关的侦查行为进行法律监督。这就意味着由法院对提请批准逮捕进行司法审查违反了宪法规定，是违宪行为。最重要的司法审查就是对提请逮捕的司法审查，而这一审查的权力由我国《宪法》明确赋予了检察机关，那么再讨论由法院对搜查等其他次一等强制性诉讼手段的启动进行司法审查，在逻辑上还有什么意义呢？

（3）有学者曾对我国公安机关和法检机关的政治地位进行了论述，指出我国公安机关的政治地位和党内地位高于法检机关。因此，由法院对公安机关的侦查行为加以司法审查可能并不符合我国国情的主观臆想。对公安机关的权力进行限制，已经非常困难，再由法院对公安机关的侦查行为进行居高临下的司法审查，相对于今日中国之国情更是不可想象。

要想建立我国的司法审查制度，就必须更改《刑事诉讼法》，修改《宪法》，乃至动摇公安机关占据优势的政治地位，怎一个难字了得？

综合上面的价值分析和法律分析，我们不能不得出一个无奈却客观的结论——近期内在我国建立司法审查制度基本是不可能的。

三、保留立案程序的必要性分析

在没有完善的司法审查制度的情况下，如何对侦查权进行控制就成了我们必须要解决的问题。

针对侦查机关的强制性侦查行为，国外一般通过专门机关（法院）进行司法审查的方式进行规制，由于现阶段我国不能由专门机关（法院）进行司法审查，只能选择依靠专门程序对侦查权滥用进行规制。实际上也可以说，通过专门机关和专门程序对侦查权进行控制，是两种可供选择的方法，就看哪一种更适合中国的国情。

立案，是一个刑事诉讼阶段，而非一个简单的决定。它实际是由侦查机关代替司法机关对刑事诉讼启动与否进行的审查。只有经过了立案这个专门程序，刑事诉讼才能启动，各种后续程序才能开始，各种诉讼手段特别是具有强制性的诉讼手段才能被允许使用。

由于我国现行法律中没有规定对侦查机关的侦查行为进行司法审查的制度，在侦查阶段，除了逮捕之外，所有的侦查措施都可以由侦查机关单独决定实施，所有的诉讼手段都可以由侦查机关单独决定适用，所以难免会出现侦查权滥用的情况。在没有专门机关进行司法审查的情形下，立案这一专门阶段或专门程序可以作为一种替代性的手段。以专门程序代替专门机关对侦查权滥用进行遏制，也许是立足于我国现行法的一种客观选择。

在尚未建立完善的对侦查行为的司法审查之前，如果断然废除立案程序，公众就会失去仅有的对侦查权滥用的制约手段。某些侦查人员就可能会利用这一漏洞轻易地启动对普通公民的刑事诉讼程序，随意使用各种诉讼手段，实施各种侦查行为，违法搜查、违法扣押、违法拘留、违法逮捕等恶劣的侦查权滥用行为就会出现。

一方面，改革开放以来，公安机关等侦查机关人员素质逐年提高，警校毕业生比例逐年上升。但必须指出，目前的侦查机关人员整体素质仍然有待继续提高。另一方面，我国刑事案件的数量迅速增长，早已超过改革开放初期数倍。同时，公民的人权意识不断提高，对侦查权滥用、侵犯人权的问题越来越不能容忍。在一些地方，侦查人员的腐败问题仍然存在，不法之徒利用手中权柄，徇私枉法、滥用职权的现象也有所耳闻。这种严峻的刑事诉讼环境客观上要求我们采取合理有效的办法解决实际问题，而不能只是简单地照搬其他国家的做法。

针对立案存废问题采取的改革措施必须行之有效，或者说只能在有极大成功把握的时候才能进行相关改革。因为我们不能承受失败，不能承担失败带来的严重后果。在现阶段的中国，秩序是压倒一切的主题，我们必须保证国家和社会的稳定，优先实现法的秩序价值。

正如俄罗斯议员在评价苏联解体时所说的话一样："拆毁一座旧房子总是容易的，但建立起一座新房子却很困难。"我们的问题是，在建起新房子之前，就把还能为我们挡风遮雨的旧房子拆掉了。我国现行法中的立案程序可能就如一栋旧房子，断瓦残垣，漏洞百出，但尚能为我们遮挡风雨。在司法审查的新屋建立之前，恐怕还不能仅凭好恶，一下子拆掉它，否则我们就要露宿街头，遭受侦查权滥用之苦。这显然不是批评立案程序、主张将其废除的有识之士想要看到的结果。

另外，近几年来随着研究的深入，一些学者发现令状等司法审查制度并非人们想象的那么完美。在很多已经建立起司法审查制度的国家，"法官审查形式化"的问题非常严重。令状的司法审查过程过于形式化，法官很少拒绝侦查人员的令状申请，法官成为侦查人员"橡皮图章"的现象在这些国家普遍存在。这也从另一个侧面说明，他山之石有时也未必可以攻玉。

综上所述，立案程序相对于今日中国的司法制度和司法职权配置而言，在规制侦查权滥用方面具有继续存在的价值。由此，我们也可以得出结论，保留立案程序具有现实的必要性和客观性。

四、立案救济和立案监督

很多时候，仅仅对立案的程序和条件进行正向的规定是不够的，还必须对立案的救济加以规定。"无救济即无权利"这句法律谚语用在立案救济程序上，也非常合适。在被害人权利遭受不法侵害时，如果犯罪嫌疑人逃脱法律制裁，甚至不被立案追究的话，那么被害人甚至社会公众将对司法机关失去信心，并因此失去对法律的信任。此时，立案救济程序就显得非常重要。

立案的救济程序，可以分为广义的和狭义的两种。狭义的救济程序，特指控告人（被害人）针对不立案决定可以实施的救济方法和程序。而广义的救济程序，还包括人民检察院依托公权力实施的立案监督。实践证明，立案救济和立案监督程序在一定程度上缓解了公众刑事案件告状难的问题，使刑事犯罪分子得到了应有的追究，极大地维护了被害人的合法权益。同时，立案救济和立案监督程序也可以对侦查权行使过程中的某些违法违纪问题加以纠正，通过侦查体制外的监督促进被害人人权的保障。

1. 立案救济

立案救济，也可以称为不立案决定的救济。根据《刑事诉讼法》第一百一十二条的规定，控告人如果对人民法院、人民检察院、公安机关不予立案的决定不服，可以申请复议。法律赋予控告人申请复议权，一方面是为了有效保护受犯罪行为直接侵害的受害人合法权益，另一方面也是对公安司法机关应当立案而不立案的有效监督和制约。根据有关规定，控告人对不立案决定的申请复议应当注意以下几点：

（1）申请复议应向原作出不予立案决定的机关提出。公安司法机关在对立案材料审查后，认为没有犯罪事实，或者犯罪事实显著轻微，不需要追究刑事责任而作出不立案决定后，对有控告人的，必须将不立案的原因、法律依据，以《不立案通知书》的形式告知控告人，便于控告人申请复议。控告人如果不服可向原决定的公安司法机关申请复议，对复议申请原决定机关应当尽快办理，作出决定并书面通知控告人。

（2）控告人对不立案决定除申请复议外，也可不经复议而向人民检察院提出，要求人民检察院予以监督，或者直接向人民法院起诉。《刑事诉讼法》第一百一十三条规定，被害人认为公安机关对应当立案侦查的案件而不立案侦查，向人民检察院提出的，人民检察院应当要求公安机关说明不立案的理由。《刑事诉讼法》第二百一十条第三款规定，被害人有证据证明对被告人侵犯自己人身、财产权利的行为应当依法追究刑事责任，而公安机关或者人民检察院不予追究被告人刑事责任的案件，可作为自诉案件，被害人有权向人民法院直接起诉，人民法院应当依法受理。可见，由于申请复议是向原决定机关提出的，缺少外部监督、制约，为了保障控告人的合法权益，刑事诉讼法又规定了两种救济措施。

2. 立案监督

立案监督，是指人民检察院依法对公安机关的立案活动是否合法进行的监督。

人民检察院对刑事诉讼实行法律监督，是我国刑事诉讼的一项基本原则。由于立案是刑事诉讼程序中的独立阶段，因而对立案活动实行监督就是人民检察院法律监督的重要内容。在司法实践中，存在着"有案不立""以罚代刑""以破代立"等应该立案而不予立案的问题。这些问题的存在，不仅阻碍法律的正确实施，损害了法律的权威和尊严，而且造成了对犯罪的打击不力、被害人合法权益得不到保障的不良后果。加强人民检察院对公安机关的立案监督，有利于打击和惩罚犯罪。防止犯罪分子逍遥法外、逃避法律的制裁，保护被害人的合法权益，维护国家和人民的利益，保证国家法律的统一正确实施。

《刑事诉讼法》第一百一十三条规定："人民检察院认为公安机关对应当立案侦查的案件而不立案侦查的，或者被害人认为公安机关对应当立案侦查而不立案侦查，向人民检察院提出的，人民检察院应当要求公安机关说明不立案的理由。人民检察院认为公安机关不立案的理由不能成立的，应当通知公安机关立案，公安机关接到通知后应当立案。"这是人民检察院在立案阶段行使监督的法律规定。另外，最高人民法院等六部门《关于刑事诉讼法实施中若干问题的规定》第十八条规定，公安机关在收到人民检察院要求说明不立案理由通知书后七日内应当将说明情况书面答复人民检察院。人民检察院认为公安机关不立案理由不能成立，发出《通知立案书》时，应当将有关证明应该立案的材料同时移送公安机关。公安机关在收到《通知立案书》后，应当在十五日内决定立案，并将《立案决定书》送达人民检察院。因此，人民检察院对公安机关的不立案决定有建议权或通知其纠正的权力。

另外，根据《刑诉规则》第十三条第二款规定，对于由公安机关管辖的国家机关工作人员利用职权实施的重大犯罪案件，人民检察院通知公安机关立案，公安机关不予立案的，经省级以上人民检察院决定，人民检察院可以直接立案侦查。这一规定进一步保障了人民检察院对公安机关不立案监督权的实现，从而能保证及时、准确和有效打击犯罪。

保障被害人对不立案的监督权。根据《刑诉规则》第五百五十七条的规定，被害人认为公安机关对应当立案侦查而不立案侦查，向人民检察院提出的，人民检察院控告申诉部门应当受理，并根据事实和法律进行审查。审查中，可以要求被害人提供有关材料，进行必要的调查，认为需要公安机关说明不立案理由的，应当将案件移送审查逮捕部门办理。公安机关说明不立案的理由后，审查逮捕部门认为公安机关不立案的理由不能成立的，经检察长或者检察委员会讨论决定，应当通知公安机关立案；认为公安机关不立案理由成立的，应当通知控告申诉部门，由控告申诉部门在十日内将不立案的理由和根据告知被害人。被害人认为应当追究的，具有证据证明被告人侵犯自己人身权利、财产权利的犯罪行为的，则可以直接向人民法院起诉。

第二章　我国刑事诉讼领域
人权保护的新发展

2010 年至 2023 年，是中国刑事诉讼领域人权保护取得重大进展的 13 年，一系列相关法律和司法解释的出台，使中国刑事诉讼法治日趋完善。2010 年两个证据规定的出台，具有重大意义。2013 年党的十八届三中全会和 2014 年党的十八届四中全会开始新的一轮司法改革，又进一步推进了我国刑事诉讼领域的人权保护。而 2012 年和 2018 年《刑事诉讼法》的两次修正，更是具有里程碑式的意义。

从某种意义上讲，在法律体系里，《刑事诉讼法》是仅次于《宪法》的基本法，素有"小宪法"之称。1979 年颁布实施的《刑事诉讼法》，作为新中国第一部刑事诉讼法典，首次较为系统地规定了刑事诉讼的基本制度，其颁行标志着我国刑事司法开始走上法治化的道路。1996 年，《刑事诉讼法》进行了第一次修正，其修正案无论在形式还是内容上都比 1979 年的《刑事诉讼法》更加完善，对推动我国刑事司法制度的现代化具有积极意义。但是，随着时间的流逝，旧的《刑事诉讼法》修正案在新形势下处理新问题时又显得力不从心，人们对于《刑事诉讼法》也有了更多、更高的期待。因此，修改《刑事诉讼法》势在必行，于是《刑事诉讼法》修正案分别于 2012 年和

2018年，经过审议由全国人民代表大会通过。为配合《刑事诉讼法》的两次修改，最高人民法院和最高人民检察院等机关相继颁布了一系列司法解释。

可以说，新修改的《刑事诉讼法》是刑事诉讼法治四十余年来之成果集大成者。学界普遍认为，这两次《刑事诉讼法》修改的进步是显而易见的，不管是提纲挈领地加入"尊重和保障人权"，还是下大力气解决刑讯逼供、非法取证等突出问题，或者进一步完善辩护制度、强化律师作用等，都紧密契合着我国当前时代和现实发展的要求，对于修复执法漏洞、重建司法威信、推动法制化建设意义重大。可以这样说，2012年和2018年中国《刑事诉讼法》的修改，在制度层面上是与国际主流立法相接轨的。

法律的生命在于实施，制度建设仅仅完成了第一步，实践是更加重要的环节，因此本章从制度完善和实践运行两个角度展开，分别讨论我国刑事诉讼领域人权保护这一问题。

第一节　制度完善

一、《刑事诉讼法》修改后人权保护的进步

刑事诉讼的三大制度是指辩护制度、证据制度和强制措施制度，下面拟围绕刑事诉讼的这三大制度进行研究。

1. 辩护制度

中国的刑事辩护制度从1979年颁布的《刑事诉讼法》，到1996年《刑事诉讼法》的修正案，再到2008年颁布的《中华人民共和国律师法》（以下简称《律师法》），又到2012年《刑事诉讼法》的修正案，直到2018年

《刑事诉讼法》修正案及其相应的司法解释，期间经历了四次大的飞跃，刑事辩护制度经历了从空白到新设、从粗糙简陋到逐步完善的发展历程，顺应了中国刑事诉讼制度转型的节奏，进一步推进了我国的法治化发展进程。1979 年《刑事诉讼法》的出台标志着具有中国特色的刑事辩护制度已经开始形成。1996 年《刑事诉讼法》在引入庭审对抗制的前提下，辩护制度得到进一步发展，完善了辩护律师会见、通信权和阅卷权的相关内容，并且新增了辩护律师调查取证权的规定。2012 年《刑事诉讼法》的再修改及其司法解释的出台，充分凸显了人权保障的立法变动宗旨，使辩方权利进一步扩张，将辩护律师介入诉讼的时间提前到侦查阶段，进一步解决刑事辩护"三难"问题，简化辩护律师行使权利的程序，在一定程度上消除了对辩护律师的歧视性规定，注重保障犯罪嫌疑人、被告人的合法权益。此次修正具有明显的进步意义，因此有些法律从业者感慨此次《刑事诉讼法》的修改迎来了中国刑事辩护制度的春天。①

刑事辩护制度是保障被告人、犯罪嫌疑人合法权益的有力武器，《刑事诉讼法》（2012 年修正案）以保障人权立法宗旨，不仅将"尊重和保障人权"写入总则，而且在具体的制度设计上也作了多处修正，以更好地保障辩护权的有效行使，具体表现在：一是增加了犯罪嫌疑人在侦查阶段可以委托律师作为辩护人的规定。同时规定，犯罪嫌疑人、被告人在押的，其监护人、近亲属可以代为委托辩护人。二是扩大了法律援助的范围。一方面，把法律援助的范围扩展到尚未完全丧失辨认或者控制自己行为能力的精神病人和可能被判处无期徒刑的人；另一方面，把法律援助的时间从 1996 年修正的《刑事诉讼法》规定的审判阶段提前到侦查阶段和审查起诉阶段。三是完善了辩护人的职责。取消了 1996 年修正的《刑事诉讼法》中辩护人对于被追诉人

---

① 冀祥德主编：《最新刑事诉讼法释评》，中国政法大学出版社 2012 年版。

无罪、罪轻或者减轻、免除刑事责任的证明要求，将辩护人的责任从维护被追诉人的"合法权益"修改为"诉讼权利和其他合法权益"。四是完善了辩护律师的会见权。《刑事诉讼法》（2018 年修正案）规定在侦查期间，除去危害国家安全犯罪、恐怖活动犯罪、特别重大贿赂犯罪案件外，辩护律师持"三证"即可会见被追诉人，对此看守所应当及时安排会见，至迟不得超过四十八小时。辩护律师在审查起诉阶段会见被追诉人的，可以向被追诉人核实有关证据；会见不被监听。五是完善了辩护律师的阅卷权。规定辩护律师在审查起诉阶段可以查阅、摘抄、复制本案的案卷材料。六是增加了辩护人权利。主要包括：①辩护律师向侦查机关提出意见的权利；②辩护人申请人民检察院、人民法院调取有利于被追诉人的有关证据材料的权利；③辩护人、诉讼代理人认为办案机关及其工作人员阻碍其依法行使诉讼权利向检察机关申诉或者控告的权利。七是增加了追究辩护人刑事责任的管辖规定。规定追究辩护人刑事责任案件应当由办理辩护人所承办案件的侦查机关以外的侦查机关办理。八是规定了辩护人义务。主要包括：①辩护人接受委托后，对办理案件机关的及时告知义务；②辩护人收集的有关犯罪嫌疑人不在犯罪现场、未达到刑事责任年龄、属于依法不负刑事责任的精神病人的证据，对公安机关、人民检察院的及时告知义务；③辩护律师的执业保密义务及除外规定。九是规定了办案机关应当听取辩护人意见的七种情形。上述规定，一方面，是为了解决 1996 年《刑事诉讼法》修改后实践中出现的辩护"三难"问题，顺应辩护制度的发展需要；另一方面，是为了解决 1996 年《刑事诉讼法》与 2007 年修订的《律师法》的衔接问题。修改的宗旨是通过辩护制度的完善，加强对人权保障的重视与贯彻。①

经第十三届全国人民代表大会修订通过的《刑事诉讼法》（2018 年修正

---

① 冀祥德主编：《最新刑事诉讼法释评》，中国政法大学出版社 2012 年版。

案）丰富并完善了辩护制度的内容，在对我国刑事诉讼制度的完善尤其是在保障被告人、犯罪嫌疑人及其辩护律师的合法权益方面，都取得了令人喜悦的成果，反映了时代进步对刑事司法科学化、民主性和人道、人性的新期待和新要求。但是仅仅依靠这些规定可能仍然无法解决司法实践中旧有的一些问题，还有可能会出现一些新的问题。而所有这些立法成果和社会期待，最终都必须体现于司法的整个过程之中，并由具体的执法者付诸行动。

因此，在新《刑事诉讼法》出台后，相应的司法解释均做出了新的修正，以保障新《刑事诉讼法》在实践中得到正确而有效率的贯彻实施。例如，《刑事诉讼法》（2012 年修正案）生效后，最高人民法院于 2012 年 12 月公布了《最高人民法院关于适用〈中华人民共和国刑事诉讼法〉的解释》（以下简称《最高法解释》），自 2013 年 1 月 1 日起与修改后的《刑事诉讼法》同步施行。《人民检察院刑事诉讼规则（试行）》（以下简称《最高检规则（试行）》）于 2012 年 10 月 16 日由最高人民检察院第十一届检察委员会第八十次会议通过，自 2013 年 1 月 1 日起施行。最高人民法院、最高人民检察院、公安部、国家安全部、司法部、全国人大常委会法制工作委员会联合发布《关于实施刑事诉讼法若干问题的规定》（以下简称《六部委规定》），自 2013 年 1 月 1 日起实施。修订后的《公安机关办理刑事案件程序规定》（以下简称《公安机关规定》）于 2012 年 12 月 3 日经公安部部长办公会议通过，自 2013 年 1 月 1 日起施行。

在《刑事诉讼法》（2018 年修正案）生效后，相应的司法解释也作出了新的修正，以保障《刑事诉讼法》（2018 年修正案）在实践中得到正确而有效率的贯彻实施。最高人民法院于 2021 年 1 月 26 日公布了《最高人民法院关于适用〈中华人民共和国刑事诉讼法〉的解释》（以下简称《最高法解释》），自 2021 年 3 月 1 日起与修改后的《刑事诉讼法》同步施行。《人民检察院刑事诉讼规则》（以下简称《最高检规则》）已于 2019 年 12 月 2 日由最高人民检察院第十三届检察委员会第二十八次会议通过，自 2019 年 12 月 30 日起施行。《公安机关办理刑事案件程序规定》（以下简称《公安机关规定》）于 2012 年 12 月 13 日由公安部令第 127 号发布，根据 2020 年 7 月 20 日公安部令第 159 号修正。

上述司法解释修正的重点着眼于保障辩护权的有效实现，限制职权机关阻碍辩护权的行使和侵犯辩护人的权利，主要表现在两个方面：一是对于新《刑事诉讼法》的规定中较为抽象模糊的内容加以明确，如确定了委托辩护人的具体范围，明确了律师行使会见权的时间以及行使阅卷权的具体方式等；二是对于新《刑事诉讼法》中没有做出具体规定的内容以司法解释的形式加以补充，如对于法律援助以及在死刑复核程序中律师发表意见的具体操作程序做出规定。

2. 证据制度

证据是刑事诉讼的核心内容，侦查、起诉、审查等各项刑事诉讼活动环节，无一不是围绕证据的收集、举证、质证、采信、排除等问题展开。根据证据认定案件事实，判定被告是否有罪，既是诉讼活动的内在要求，也是现代法治国家的基本诉讼原则。证据是查明案件事实的手段，诉讼最终也是将一定的法律规范适用于一定的事实，但在适用法律之前必须查明案件事实，诉讼证据的功能就在于使案件事实或者当事人的主张得到确认，最终裁判者得以适用法律，形成一定的结论。

《刑事诉讼法》（2018 年修正案）对于证据制度的规定进行了重要修改与完善，《刑事诉讼法》（1996 年修正案）共有 8 个条文涉及刑事证据制度，《刑事诉讼法》（2018 年修正案）修改了 5 条，增加了 8 条，3 条未作修改。与辩护与代理、强制措施等章节比较，人权保护这一主线是证据章主要讨论的，其不仅与我国加入国际公约的基本要求一致，而且也是"尊重和保障人权"条款在《刑事诉讼法》中的具体落实。

修改及完善之处主要体现在以下几个方面：一是重新界定了证据的概念，

对证据的种类予以完善；二是增加规定了"不得强迫任何人证实自己有罪"；三是解释"证据确实、充分"的含义；四是明确了非法证据排除规则及操作程序；五是明确了证人、鉴定人应当作证的情形及证人经济补偿、证人保护等，警察出庭作证，强制证人出庭作证及其例外；六是规定控辩双方可以申请法庭通知有专门知识的人出庭作证，就鉴定人做出的鉴定意见提出不一致的意见①；七是明确规定公诉案件的举证责任由公诉机关承担。其中，非法证据排除制度值得着重介绍。

非法证据排除规则通常指执法机关及其工作人员使用非法行为取得的证据不得在刑事审判中采纳的规则。《刑事诉讼法》（1996 年修正案）第四十三条规定严禁刑讯逼供和以威胁、引诱、欺骗以及其他非法的方法收集证据，但是并未规定非法取证的排除规则和法律后果，因此该法条仅具有宣言意义而不具有可操作性。2010 年在最高人民法院、最高人民检察院、公安部、国家安全部、司法部联合制定的《关于办理刑事案件排除非法证据若干问题的规定》中，进一步规定了非法证据的范围、排除程序及其法律后果，初步建立了非法证据排除的程序框架，但实践中仍有一些漏洞。《刑事诉讼法》（2018 年修正案）明确规定了非法证据排除规则适用的范围、具体程序以及证据责任，使非法证据的排除有一套运行的程序，确立了非法证据排除的法律效力。排除非法证据，可以更好地制约警察非法取证的行为，符合现代社会保障犯罪嫌疑人、被告人人权这样一个人类文明发展的大趋势。具体修改如下：

第一，非法证据排除的范围。言词证据：对于犯罪嫌疑人、被告人的言词证据仅排除以刑讯逼供取得的证词；对于被害人、证人等，排除以暴力和威胁取得的证词。物证、书证：要求不符合法定程序，影响司法公正且不能

① 冀祥德主编：《最新刑事诉讼法释评》，中国政法大学出版社 2012 年版。

补正或者作出合理解释的予以排除。

第二，非法证据排除的证明责任。首先，被告方承担初步的举证责任。被告人申请排除以非法方法获取的证据，应提供相关线索或者材料。其次，公诉方承担证据收集合法性的证明责任。法庭对证据收集的合法性进行调查的过程中，人民检察院应当证明证据收集的合法性。最后，法庭对非法证据有主动调查核实的义务。法庭对于确认或者不能排除以非法方法收集证据情形的，应当予以排除。

第三，非法证据排除的证明标准。在被告方初步证明有存在以非法方法取得证据后，控方便承担不存在非法证据情形的举证责任，且必须达到确实、充分，使法庭确定该证据系合法取得的程度。

第四，非法证据排除的适用阶段。我国非法证据排除主要是由侦查部门、检察机关和法院排除，且在侦查、审查起诉、审判阶段均可以对非法方法取得的证据予以排除。

3. 强制措施制度

强制措施制度在我国《刑事诉讼法》制定之前，就已由其他相关法律或规范文件加以规定。1979 年制定的《刑事诉讼法》将其纳入正规化和法制化的轨道。1996 年《刑事诉讼法》的第一次修正废除了在实质上发挥强制措施作用的收容审查制度，并对逮捕和拘留制度加以调整。2012 年及 2018 年《刑事诉讼法》的两次修正以及其后的司法解释，又对我国的强制措施制度进行了修正，以适应我国社会发展和司法实践的需要。

（1）扩大取保候审的适用范围。《刑事诉讼法》（2018 年修正案）第六十七条对取保候审的适用对象规定了四种情形，增加了"患有严重疾病、生活不能自理，怀孕或者正在哺乳自己婴儿的妇女；羁押期限届满，案件尚未办结"两种情形。这一修改，吸收了《刑事诉讼法》修改前司法解释和行政规章的内容，把原来可适用取保候审的两种情况扩充为四种，扩大了取保候审的适用范围。

（2）区分监视居住与取保候审的适用对象。《刑事诉讼法》（1996 年修正案）对监视居住规定了与取保候审相同的适用对象与条件，导致监视居住与取保候审适用时的混同。有鉴于此，《刑事诉讼法》（2018 年修正案）规定，对符合逮捕条件的犯罪嫌疑人、被告人，但同时存在"患有严重疾病、生活不能自理的"，"怀孕或者正在哺乳自己婴儿的妇女"，"系生活不能自理的人的唯一扶养人"，"因为案件的特殊情况或者办理案件的需要，采取监视居住措施更为适宜的"，"羁押期限届满，案件尚未办结，需要采取监视居住措施的"，可以监视居住，从而对监视居住与取保候审作出了区分。《刑事诉讼法》（2018 年修正案）还规定，对符合取保候审条件，但犯罪嫌疑人、被告人不能提出保证人，也不交纳保证金的，可以予以监视居住。

（3）细化逮捕的条件。《刑事诉讼法》（1996 年修正案）将"尚不足以防止发生社会危险性，而有逮捕之必要"作为逮捕的三个必要条件之一，但对"社会危险性"没有作出具体规定。《刑事诉讼法》（2012 年修正案）对其进行了细化规定，列举了"社会危险性"的具体情形，即：可能实施新的犯罪的；有危害国家安全、公共安全或者社会秩序的现实危险的；可能毁灭、伪造证据，干扰证人作证或者串供的；可能对被害人、举报人、控告人实施打击报复的；企图自杀或者逃跑的。此外，《刑事诉讼法》（2012 年修正案）还增加"有证据证明有犯罪事实，可能判处十年有期徒刑以上刑罚的，或者有证据证明有犯罪事实，可能判处徒刑以上刑罚，曾经故意犯罪或者身份不明的"为绝对适用逮捕之事由。《刑事诉讼法》（2018 年修正案）第八十一条新增内容则将认罪认罚从宽制度纳入审查批准逮捕的考量内容，把认罪认罚情况作为社会危险性的考虑因素之一：批准或者决定逮捕，应当将犯罪嫌疑人、被告人涉嫌犯罪的性质、情节，认罪认罚等情况，作为是否可能发生社会危险性的考虑因素。

扩大取保候审的适用范围与区分监视居住与取保候审的适用对象，加强了对犯罪嫌疑人、被告人人权的保障，而对逮捕"社会危险性"条件的具体规定，则避免了标准不明确带来的"口袋效应"和随意适用的风险，也有利于人权的保护。

二、《关于推进以审判为中心的刑事诉讼制度改革的意见》颁布后人权保护的进步

党的十八届四中全会通过的《中共中央关于全面推进依法治国若干重大问题的决定》中明确提出了"推进以审判为中心的诉讼制度改革"，对我国司法改革和刑事诉讼制度的完善具有重要的指导意义。此前，最高人民法院在 2013 年召开的第六次全国刑事审判工作会议提出了审判案件应以庭审为中心，并在《关于建立健全防范刑事冤假错案工作机制的意见》和《关于加强新时期人民法院刑事审判工作的意见》等规范性文件中提出了"牢固树立庭审中心"的理念。

审判中心主义尽管在我国有立法上的规定，但是并不为司法实务人员熟知，对此也没有形成比较统一的概念。但是，一般认为，审判中心主义意味着整个诉讼制度和活动围绕审判而建构和展开，审判阶段对案件的调查具有实质化的特征。相对而言，侦查是为审判进行准备的活动，起诉是开启审判程序的活动，执行是落实审判结果的活动，也就是说侦查、起诉、执行都是为了使审判能够进行或者落实审判结果，都是围绕审判在进行，因此，审判是整个诉讼活动的中心环节和核心活动。

审判中心主义是对"侦查中心主义"或"案卷笔录中心主义"的反动。侦查中心主义或案卷笔录中心主义含义大致相同，是指我国现行刑事诉讼体制和实践中，侦查活动以及由此形成的笔录、卷宗在诉讼中实质上处于中心的地位，即侦查搜集的证据材料及认定有罪的案件对起诉、审判具有举足轻重的影响。在这种体制下，法官普遍通过阅读侦查机关的案卷笔录开展庭前准备活动，庭审主要通过阅读案卷笔录进行，法院在判决书中甚至普遍援引侦查人员所制作的案件笔录作为判决的基础。因此，审判活动只是对侦查机关搜集的证据材料进行简单的检验，没有发挥应有的制约功能。显然，侦查中心主义或案卷笔录中心主义导致庭审"走过场"，违背了直接言辞原则。

实行审判中心主义的核心要求是庭审实质化。庭审实质化是相对于庭审虚化或形式化而言的。所谓"庭审虚化"，是指案件事实和被告人刑事责任不是通过庭审方式认定，甚至不在审判阶段决定，庭审只是一种形式。① 庭审实质化的关键是让侦查机关搜集的各类案卷笔录、书证、物证等证据都要经过"呈堂"，在庭审聚光灯下充分"曝光"，通过诉讼各方的举证、质证，充分发表意见，最后判断证据的证明力。因此，要实现庭审中心主义，必然要改造庭审查证、认证方式，解决制约庭审中心主义的"软肋"，防止庭审虚化。②

审判中心主义要求庭审实质化并起决定性作用。庭审中心主义是进一步落实审判中心的重要环节，审判中心主义的实现在很大程度上有赖于庭审中心主义的实现。

审判中心主义与庭审中心主义是既有区别、又有密切联系的两个概念。审判中心主义主要是解决审判活动与侦查、起诉、执行活动的外部关系，即审判居于中心地位，而侦查、起诉、执行都服务、服从于审判。而庭审中心主义主要是解决审判机关内部如何进行审判活动进而对被告人定罪量刑问题，亦即审判案件以庭审为中心，事实证据调查在法庭，定罪量刑辩论在法庭，裁判结果形成于法庭，全面落实直接言辞原则，严格执行非法证据排除规则。

---

① 汪海燕：《论刑事庭审实质化》，《中国社会科学》2015 年第 2 期。
② 徐贤飞：《审判中心主义如何实现?》，中国法院网，最后访问时间 2015 年 6 月 18 日，http：//www.chinacourt.org/article/detail/2015/01/id/1528101.shtml。

两者的密切联系体现在审判中心主义是庭审中心主义的前提和保障。因为只有树立了审判的决定作用和核心地位，才能使侦查、起诉等活动服从于庭审活动。庭审中心主义是审判中心主义的逻辑推演和主要实现路径。因为，"对于事实认定，审判中心相对于侦查中心的优越性，主要是通过庭审体现的，因此，确认审判中心，必然要在逻辑上推演出庭审中心"。也就是说，如果没有以庭审中心主义为基础的审判活动，审判中心主义的诉讼地位不可能确立，审判的正当性和权威性也无以产生和存在。①

最高人民法院、最高人民检察院、公安部、国家安全部、司法部联合印发的《关于推进以审判为中心的刑事诉讼制度改革的意见》，将党的十八届四中全会提出的"推进以审判为中心的诉讼制度改革"具体化规范化，包含若干人权保护的新规定，堪称我国刑事诉讼领域人权保护的新发展，笔者拟择其要点加以介绍：

1. 进一步扩大和加强了辩护方力量

《关于推进以审判为中心的刑事诉讼制度改革的意见》（以下简称《意见》）第六条规定："在案件侦查终结前，犯罪嫌疑人提出无罪或者罪轻的辩解，辩护律师提出犯罪嫌疑人无罪或者依法不应追究刑事责任的意见，侦查机关应当依法予以核实。"

《意见》第十三条规定："完善法庭辩论规则，确保控辩意见发表在法庭。法庭辩论应当围绕定罪、量刑分别进行，对被告人认罪的案件，主要围绕量刑进行。法庭应当充分听取控辩双方意见，依法保障被告人及其辩护人的辩论辩护权。"

《意见》第十七条规定："健全当事人、辩护人和其他诉讼参与人的权利保障制度。依法保障当事人和其他诉讼参与人的知情权、陈述权、辩论辩护

---

① 徐贤飞：《审判中心主义如何实现？》，中国法院网，最后访问时间 2015 年 6 月 18 日，http：//www.chinacourt.org/article/detail/2015/01/id/1528101.shtml。

权、申请权、申诉权。犯罪嫌疑人、被告人有权获得辩护，人民法院、人民检察院、公安机关、国家安全机关有义务保证犯罪嫌疑人、被告人获得辩护。依法保障辩护人会见、阅卷、收集证据和发问、质证、辩论辩护等权利，完善便利辩护人参与诉讼的工作机制。"

需要特别指出的是，我国将建立法律援助值班律师制度，并对已有的法律援助制度加以完善和落实。《意见》第二十条规定："建立法律援助值班律师制度，法律援助机构在看守所、人民法院派驻值班律师，为犯罪嫌疑人、被告人提供法律帮助。"同时，针对已有的法律援助制度，要求"完善法律援助制度，健全依申请法律援助工作机制和办案机关通知辩护工作机制。对未履行通知或者指派辩护职责的办案人员，严格实行责任追究"。

2. 公诉案件的举证责任由公诉机关承担

《刑事诉讼法》（2018 年修正案）第五十一条规定："公诉案件中被告人有罪的举证责任由人民检察院承担，自诉案件中被告人有罪的举证责任由自诉人承担。"

《意见》第八条规定："进一步完善公诉机制，被告人有罪的举证责任，由人民检察院承担。对被告人不认罪的，人民检察院应当强化庭前准备和当庭讯问、举证、质证。"

公诉案件的举证责任由公诉机关承担，与不得强迫自证其罪原则相互呼应，共同奠定了我国疑罪从无原则适用的基础。

3. 不得强迫自证其罪原则的确立和实施

《意见》第五条第一款规定："完善讯问制度，防止刑讯逼供，不得强迫任何人证实自己有罪。严格按照有关规定要求，在规范的讯问场所讯问犯罪嫌疑人。严格依照法律规定对讯问过程全程同步录音录像，逐步实行对所有案件的讯问过程全程同步录音录像。"不得强迫自证其罪原则已经逐步在我国确立，并开始指导刑事诉讼实践。

为了保证"不得强迫自证其罪原则"的实施,《意见》第五条第二款还进一步规定了救济措施:"探索建立重大案件侦查终结前对讯问合法性进行核查制度。对公安机关、国家安全机关和人民检察院侦查的重大案件,由人民检察院驻看守所检察人员询问犯罪嫌疑人,核查是否存在刑讯逼供、非法取证情形,并同步录音录像。经核查,确有刑讯逼供、非法取证情形的,侦查机关应当及时排除非法证据,不得作为提请批准逮捕、移送审查起诉的根据。"

第二节 实践运行

制度建设只是刑事诉讼领域人权保护的必要条件。法律的生命在于实施,因此司法实践是更加重要的环节,下面我们就从实践运行的角度对刑事诉讼领域的人权保护问题加以分析,着力讨论社会影响最大的冤假错案的预防和纠正问题。

一、冤假错案的预防

侦查程序在刑事诉讼理论中是刑事审前程序的重要组成部分,其担负着三个方面的刑事诉讼使命:查清犯罪事实、抓获犯罪嫌疑人,实现程序的分流以及保障人权。由此,《刑事诉讼法》(2018 年修正案)第二篇第二章所规定的侦查机关享有的拘传、拘留、逮捕、搜查、扣押及通缉等对人或者对物的强制处分权,以及讯问犯罪嫌疑人、询问证人、勘验、检查、鉴定、侦查实验等搜集或者固定证据的侦查方法,都是由侦查的任务也即上述第一个使命所决定的。然而不是所有的刑事都会交付法庭审理,通过以上侦查方法的运用和侦查程序的不断推进，侦查的第二个使命即程序的分流便有可能实现。与此同时，为查获犯罪，侦查机关所使用的强制手段往往涉及公民的各种权利，如果缺乏有效的制约机制或程序性保障措施，侦查权的运作就可能成为"达摩克利斯之剑"，随时威胁公民的安全，尤其是刑事诉讼中处于被追诉地位的犯罪嫌疑人，其诉讼权利和人身安危更是极易受到侵犯，"诉讼是一个不可分割的整体"，从这个意义上讲，侦查程序与起诉程序、审判程序一样担负着尊重和保障人权的使命。

近年来我国发现并纠正了佘祥林、赵作海、杜培武、呼格吉勒图等一系列冤假错案，而这些冤假错案的成因存在着惊人的相似点——侦查人员不遵守刑事诉讼法，实施刑讯逼供、暴力取证等程序性违法行为，侵犯甚至剥夺犯罪嫌疑人、被告人的诉讼权利。由于程序性的违法行为造成了实体性的案件处理错误，因为缺失公正司法，所以丧失了司法公正。

由于我国长期以来奉行侦查中心主义，重实体轻程序，具有行政色彩的侦查机关有时确实容易忽略公正价值，而更多地关注效率价值。为侦破犯罪和顺利起诉，在司法实践中确实存在着一些司法工作人员特别是侦查人员违法办案的现象。刑讯逼供、暴力取证、超期羁押屡禁不止，拘留、逮捕、搜查、扣押、冻结、技术侦查措施随意运用。审前阶段，特别是侦查阶段，是公民人身权、财产权和诉讼权利受侵犯最严重的阶段，往往表现为代表国家追究犯罪的侦查机关在实施诉讼行为时不遵守刑事诉讼法的规定，侵犯犯罪嫌疑人、辩护人或被害人、诉讼代理人的正当权利，甚至在行使公权力时公然实施程序性违法行为。

侦查程序作为整个刑事诉讼过程中的上游环节，是产生冤假错案的重灾区，因此也是预防冤假错案的主战场。为了预防冤假错案的发生，近年来我国对与侦查相关的刑事诉讼法律规范进行了一系列重要的修改与完善。

1. 增加了对违法侦查的申诉、控告及处理的规定

《刑事诉讼法》（2018 年修正案）第一百一十七条专门规定了当事人和辩护人、诉讼代理人、利害关系人对于司法机关及其工作人员的违法侦查行为有向该机关或其上一级主管机关申诉或控告的权利，有关机关有义务做出相应处理。现行公安部规定和现行刑诉规则对此也有相应的规定。同时，刑事诉讼法（2018 年修正案）还专门规定了"对（申诉或者控告）处理不服的，可以向同级人民检察院申诉"，"人民检察院直接受理的案件，可以向上一级人民检察院申诉"，"人民检察院对申诉应当及时进行审查，情况属实的，通知有关机关予纠正"，强调了人民检察院的法律监督主体地位。

2. 完善了讯问犯罪嫌疑人、询问证人的程序

第一，明确了看守所是羁押后依法进行讯问的场所。在讯问犯罪嫌疑人的程序中，《刑事诉讼法》（2018 年修正案）第一百一十八条增加第二款："犯罪嫌疑人被送交看守所羁押以后，侦查人员对其进行讯问，应当在看守所内进行。"

第二，强化了犯罪嫌疑人有关诉讼权利的保障。

首先，在《刑事诉讼法》（2018 年修正案）及司法解释规定延长了传唤、拘传的最长持续时间的同时，现行公安部规定强调了"传唤期限届满，未作出采取其他强制措施决定的，应当立即结束传唤"；现行《刑诉规则》第一百九十五条补充规定了"两次传唤间隔的时间不得超过十二小时"，更加明确了禁止以连续传唤的形式变相拘禁。

其次，《刑事诉讼法》（2018 年修正案）第一百二十三条增加了讯问全程录音录像的规定，并要求对于可能判处无期徒刑、死刑的案件或者其他重大犯罪案件，应当对讯问过程进行录音或录像。现行公安部规定第二百零八条对此规定进行了细化，以列举的方式解释了"可能判处无期徒刑、死刑的案件"和"其他重大犯罪案件"的范围；并进一步从正反两个角度强调了讯

问的全程性、完整性的要求，即"应当对每一次讯问全程不间断进行，保持完整性；不得选择性录制，不得剪接、删改"。2012年10月，为贯彻《刑事诉讼法》（2012年修正案）的有关规定，最高人民检察院会同公安部联合发布了《关于在看守所设置同步录音录像讯问室的通知》，保证人民检察院在直接立案侦查的案件中讯问在押职务犯罪嫌疑人实现全程同步录音录像的工作。

最后，《刑事诉讼法》（2018年修正案）第一百一十九条第二款增加规定"传唤、拘传犯罪嫌疑人，应当保证犯罪嫌疑人必要的饮食和休息时间"。现行公安部规定和现行刑诉规则对此也有相应的规定。

3. 完善了侦查终结的有关规定

首先，强化了辩护方在侦查终结前后的诉讼权利。《刑事诉讼法》（2018年修正案）第一百二十条第二款将讯问时告知犯罪嫌疑人享有的诉讼权利正式纳入刑诉法规定，进一步加强犯罪嫌疑人的人权保障："侦查人员在讯问犯罪嫌疑人的时候，应当告知犯罪嫌疑人享有的诉讼权利，如实供述自己罪行可以从宽处理的法律规定。"同时增加了听取辩护律师意见以及案件移送情况告知辩护方的规定。其中，《刑事诉讼法》第一百六十一条规定在案件侦查终结前，辩护律师提出要求的，侦查机关应当听取其意见并记录在案。辩护律师提出书面意见的，应当附卷。《刑诉规则》第二百六十一条规定可以和应当听取辩诉律师意见的情形，第三百一十九条规定了检察院在审查延长或者重新计算羁押期限时可以讯问犯罪嫌疑人和听取辩护律师的意见。

其次，强化了检察院侦查监督的职能。新《刑诉实施规定》第二十一、第二十二条在申请延长或者重新计算羁押期限的问题上，规定了更为严格的审批期限和办理程序，强化了检察院在侦查监督职能。

4. 非法证据排除和不得强迫自证其罪原则的确立

《关于推进以审判为中心的刑事诉讼制度改革的意见》第四条规定："侦

查机关应当全面、客观、及时收集与案件有关的证据。侦查机关应当依法收集证据。对采取刑讯逼供、暴力、威胁等非法方法收集的言词证据，应当依法予以排除。侦查机关收集物证、书证不符合法定程序，可能严重影响司法公正，不能补正或者作出合理解释的，应当依法予以排除。对物证、书证等实物证据，一般应当提取原物、原件，确保证据的真实性。需要鉴定的，应当及时送检。证据之间有矛盾的，应当及时查证。所有证据应当妥善保管，随案移送。"

《意见》第五条规定："完善讯问制度，防止刑讯逼供，不得强迫任何人证实自己有罪。严格按照有关规定要求，在规范的讯问场所讯问犯罪嫌疑人。严格依照法律规定对讯问过程全程同步录音录像，逐步实行对所有案件的讯问过程全程同步录音录像。探索建立重大案件侦查终结前对讯问合法性进行核查制度。对公安机关、国家安全机关和人民检察院侦查的重大案件，由人民检察院驻看守所检察人员询问犯罪嫌疑人，核查是否存在刑讯逼供、非法取证情形，并同步录音录像。经核查，确有刑讯逼供、非法取证情形的，侦查机关应当及时排除非法证据，不得作为提请批准逮捕、移送审查起诉的根据。"

除上述规定外，中央政法委颁布的《关于切实防止冤假错案的规定》，最高人民法院颁布的《关于建立健全防范刑事冤假错案工作机制的意见》，也都对防范侦查专横、预防冤假错案做出了相关的规定。

二、冤假错案的纠正

近年来，随着我国刑事诉讼法治的发展与演进，我国纠正了一系列的冤假错案。尽管这些案件的发生并不是我们愿意看到的，但它们实际上不仅在某种意义上推动了我国刑事诉讼法治建设的发展，更为我国刑事诉讼领域人权保护的发展提供了极好的注脚。在这里，我们选取三个典型案例，对冤假错案的纠正情况进行阐述。

1. 章国锡案——非法证据排除原则的适用

案情简介：章国锡，男，曾任宁波市东钱湖旅游度假区建设管理局办公室助理。2010 年 7 月 22 日，章国锡被宁波市鄞州区检察院反贪局控制并带走。7 月 24 日，章国锡被刑事拘留。8 月 5 日，鄞州检察院对其进行依法逮捕。在被羁押期间，遭受刑讯逼供，供述有多次出入。2011 年 7 月 11 日，宁波市鄞州区人民法院援引"两高三部"《关于办理刑事案件排除非法证据若干问题的规定》对于检方指控被告章国锡的部分证据进行排除，并判处免于刑事处罚。2012 年 7 月 18 日，宁波市中级人民法院二审宣判，认定章国锡收受他人贿赂 4 万元，以受贿罪判处章国锡两年有期徒刑。

该案一审法院在判决书中，法院将程序与实体两部分分开表述，并在程序部分，将章国锡的庭前有罪供述全部排除；而在实体认定方面，法院则不再将章国锡的有罪供述作为判决依据。这是自 2010 年 7 月排除非法证据规定颁布实施一年多之后，全国首例法院运用非法证据排除规则进行裁判的案件，因此也被称为"非法证据排除首案"。但是，该案却暴露出非常多的问题，"两高三部"《关于办理刑事案件排除非法证据若干问题的规定》法律效力较低，对于具体程序与后果没有规定等。这直接影响了刑事诉讼法（2012 年修正案）对于非法证据排除规则的初步构建。因此，该案在刑事诉讼法治的发展中也是具有里程碑意义的一案。

2. 陈传钧案——疑罪从无原则的适用

2015 年 8 月 17 日上午，广东省高级人民法院认定，对陈传钧犯抢劫杀人罪的指控证据不足，本着疑罪从无的刑法精神，宣告陈传钧无罪。

2001 年 9 月 25 日清晨 6 时许，东莞市一杂货店老板娘方清花正按一名顾客的要求取货，突然被人从背后袭击，失去知觉。随后歹徒进入卧室，用铁锤猛击熟睡中的店主方允崇的头部，和他两个分别为 7 个月、3 岁的女儿，造成一死三重伤，其中二人九级伤残、一人六级伤残的惨剧。歹徒取走店主装有500元现金的钱包，之后逃离现场。2010年4月23日，陈传钧被缉拿归案。2011年12月19日，东莞市中级人民法院一审，以抢劫罪判处陈传钧死刑，剥夺政治权利终身，并处没收个人全部财产，赔偿被害人经济损失52万余元。陈传钧不服，以没有实施犯罪为由提出上诉。一宗历时近五年，经过二审、重审、再次二审的疑难审判就此展开。

"宁可错放，不可错判"，负责此案的时任广东省高级人民法院刑四庭庭长郑岳龙认为，法院既有惩罚犯罪的职能，又有保障无辜的人不受追究的责任。"就本案来讲，用了近5年时间，经历一审法院判处被告人死刑立即执行，被告人上诉后二审法院以事实不清、证据不足为由撤销原判发回重审，一审法院重审判处被告人死刑缓期二年执行，被告人再上诉二审法院改判无罪的漫长过程，可见我们对该案多么慎重、认真、仔细，为查清事实，几乎穷尽了一切手段。"

郑岳龙说，面对本案被害人家破人亡的悲惨遭遇，与被告人悬于一线的人身自由，对一审判决权威性的维护，与二审有错必纠的程序使命，二审法院及审理法官确实经历了一次严峻考验和艰难选择。最后法院认定，本案目前无法通过证据体系还原客观事实、认定法律事实，在两难局面下，人民法院应恪守证据裁判规则，本着"疑罪从无"的刑法精神，"宁可错放，不可错判"，宣告陈传钧无罪。

3. 任明芳案——疑罪从无原则的适用

一起水电站沉尸案，让定西岷县农妇任明芳从2010年至2014年在看守所中度过了4年时光。4年后，甘肃省高级人民法院以"事实不清，证据不足"，终审判决任明芳无罪。

定西中院原审判决认定，2007年，任明芳经他人介绍与妻子李明芳失踪的何彦通同居。2010年4月，因精神疾病走失四年的李明芳回到何彦通家中，任明芳便搬回自己家中。2010 年 8 月 18 日晚，任明芳到李明芳家两人发生争吵并相互厮打，任明芳持铁锹、打气筒在李的头部多次击打，致其倒地，为防止李喊叫又将一只袜子塞在李的嘴里。后将尸体用两个废旧皮带轮绑住，抛至清水电站库区。9 月 3 日，尸体被电站民工发现。经法医鉴定，李明芳符合死后入水的特征，具体伤亡原因无法判断。

2011 年 5 月 18 日，定西中院作出一审判决，以故意杀人罪判处任明芳死刑，缓期二年执行，剥夺政治权利终身并赔偿被害人亲属经济损失。任明芳提出上诉。经省高院二审认为事实不清，证据不足，裁定发回一审法院重新审理。一审法院重审后作出判决，仍判处被告人任明芳死缓，并赔偿被害人亲属经济损失。任明芳不服提出上诉。

2014 年 9 月 20 日，省高院在对任明芳案审理后作出终审判决。法院认为原审判决认定任明芳犯故意杀人罪的事实，据以定案的证据主要是间接证据，欠缺直接的客观性证据。原判认定任明芳杀人的事实不清，证据不足，原公诉机关指控其所犯罪名不能成立。原审判决任明芳赔偿附带民事诉讼原告人经济损失无事实依据。依据《中华人民共和国刑事诉讼法》之规定，二审改判任明芳无罪，不承担附带民事赔偿责任。

中国学界普遍认为，人权保护是与打击犯罪同样的刑事诉讼目的。近年来，我国刑事诉讼领域的人权保护蓬勃发展，一系列新的法律规范得以制定、修改和完善。但是，人权保护的刑事诉讼目的与打击犯罪的刑事诉讼目的之间始终存在着紧张关系，面临着价值优位的选择，实现高水平的人权保护绝非易事，也无法一蹴而就，我们必须持之以恒地不懈努力。

第三章　未成年人刑事司法和
良性社会化的关联融合

　　未成年人是国家的未来，梁启超先生曾说："少年智则国智，少年富则国富，少年强则国强。"在我国，自 20 世纪 80 年代以来，随着经济和社会的高速发展，未成年人享受着越来越丰富的物质文化生活，但也面临着多元价值观的冲突，未成年人犯罪逐渐成为一个突出的社会问题。根据最高人民法院公布的数据，自 2000 年以来，未成年犯罪人数年平均增长率高达 13%。未成年人犯罪呈高发化、团伙化、低龄化、暴力化的特点，近年来媒体频繁报道的校园霸凌案件就是其中的典型表现形态。怎样才能让实施危害社会行为的未成年人得到教育与挽救、复归社会，一直都是整个法学界乃至全社会关注的重要问题。

　　不仅如此，未成年人刑事司法还是全球关注的热点问题，也是世界范围的难题。我国社会治安综合治理的方法（未成年人良性社会化）恰恰是解决这一难题的良策，具有在世界范围推广的价值。

第一节　未成年人的严重越轨行为

一、一般越轨行为和严重越轨行为

越轨行为①是一个社会学概念，是指违反一定社会的行为准则、价值观念或道德规范的行为。

未成年人的身体和思想都不成熟，尚未将社会规范内化为自身道德和行为准则，故而越轨问题较成年人居多，是其成长和社会化过程中必然伴随的现象。未成年人一般性的越轨行为是教育学、青少年心理学和社会学研究的对象，而严重的越轨行为则是犯罪学、刑法学、刑事诉讼法学和监狱学研究的对象。未成年人一般性的越轨行为主要由其监护人、家人和学校加以引导和调整。可以说我们每个人从牙牙学语到成人工作，都必然存在和发生过这样或那样的一般性越轨行为。在父母、祖父母、亲属和老师的教育引导下，这些一般性越轨行为逐步会被引导和纠正。我们在儿童和青少年时期逐步学习到各种社会规范，知道什么该做什么不该做，哪些行为会让大人不高兴甚至受到惩罚。我们成长的过程就是社会化的过程，这个过程有时是痛苦的，因为我们的天性必须受到社会规范的规制。举个例子，近年来网上流传一位

---

① 越轨行为（deviance）是指违反一定社会的行为准则、价值观念或道德规范的行为。百度百科，最后访问时间 2022 年 10 月 30 日。https：//baike. baidu. com/item/%E8%B6%8A%E8%BD%A8%E8%A1%8C%E4%B8%BA？timestamp = 1667100486384&fromModule = search _ box&rt - err = 919&rt - msg = %22. rt - view%22%20not%20found%20in%20retrieved%20HTML（from%20%2Fitem%2F%25E8%25B6%258A%25E8%25BD%25A8%25E8%25A1%258C%25E4%25B8%25BA%3Ftimestamp%3D1667100486384%26fromModule%3Dsearch_box%26rt%3Dtrue%20）abort%20rendering.

二代青年诗人描写小妹妹在床上出恭的事。如果是成年人在别人家床上出恭，可能会被认为是恶意侮辱或精神失常，小孩子也好不到哪儿去，如果不是生病或身体有问题，一般也会被认为是智力低下或恶意挑衅，最起码也会被认为是家教不好，显然是越轨行为。当然，这种越轨被界定为"一般越轨"，即没有达到违法犯罪程度的、严重违反社会规范的"严重越轨"，虽然需要被教育纠正，但还不需要被送去社区矫正或者监禁。但是，如果这位小朋友不是在别人床上出恭，而是把其他小朋友推下楼，就不是一般越轨行为了，而是严重越轨行为。未成年人的严重越轨行为，这些年来经常见诸报端。2013年，重庆长寿区某小区就出现了十岁女童李某将一岁半婴儿从25楼扔下的严重越轨行为。①

　　未成年人的严重越轨行为是犯罪学、刑法学、刑事诉讼法学和监狱学的研究对象。未成年人的上述行为如果换到成年人身上，一定会被界定为违法行为或犯罪行为。当然，根据法律规定的刑事责任年龄，很多未成年人的严重越轨行为，在行政法、刑法层面上不能被界定为违法或犯罪行为。

---

　　① 重庆摔打男童案，11月25日16时许，长寿区公安局接辖区鹏运左岸小区保安报警，称该小区一幼童从25楼坠落。接警后，民警立即赶往现场进行处置。经调查走访、调看小区视频监控录像，警方已查明事件情况。经查，11月25日16时10分，该小区一住户家10岁女孩李某放学回家，至小区2栋2单元电梯时，遇原原（乳名，男，1岁）与其奶奶外出。李某在原原奶奶出电梯时，将原原抱起，电梯门自动关上。电梯监控视频显示，李某在电梯里对原原进行了殴打。据李某陈述，她将原原从电梯抱回25楼家中，在客厅沙发上对原原实施殴打，后将原原抱到阳台栏杆上逗玩，致原原从阳台栏杆坠落。原原奶奶看到电梯直接运行至25楼停止，遂赶至25楼寻找，遇李某从家中走出，遂向李某询问原原下落，李某谎称原原已被他人抱走，李某与原原奶奶一同乘电梯下楼寻找。下楼后两人分行，李某绕行至原原坠落地处，将灌木丛中的原原挪到七八米外的小道上，然后返回自己家中。原原奶奶径直到小区保安处调看视频监控。百度百科，最后访问时间2022年10月30日。https：//baike. baidu. com/item/%E9%87%8D%E5%BA%86%E6%91%94%E6%89%93%E7%94%B7%E7%AB%A5%E6%A1%88？ timestamp = 1667101406852&fromModule = search_ box&rt－err = 919&rt－msg＝%22. rt－view%22%20not% 20found% 20in% 20retrieved%20HTML（from% 20% 2Fitem% 2F% 25E9% 2587% 258D% 25E5%25BA%2586%25E6%2591%2594%25E6%2589%2593%25E7%2594%25B7%25E7%25AB%25A5% 25E6%25A1%2588%3Ftimestamp%3D1667101406852%26fromModule%3Dsearch_ box%26rt%3Dtrue% 20）abort%20rendering.

虽然实质上，这些行为在犯罪学上都属于"违法"[①] 犯罪行为。但是只有那些被现行刑法界定为犯罪的严重越轨行为，才会被定义为犯罪，追究刑事责任。

二、越轨行为的两个多发主体

未成年人的严重越轨行为，有些是骇人听闻的，如未成年人打死智障人员、烧死流浪人员等案例，都是令人震惊的刑事案件。这些未成年犯罪人的行为极为凶残，情节极为恶劣。

从社会学角度分析，这些未成年人的社会化是不成功的。因为他们没有经历合格的社会化，造成这些未成年人没有接受基本的社会规范，甚至蔑视基本的社会规范，轻视他人的生命，特别是轻视弱势群体的生命，以致剥夺他人生命时非常冷漠随意。这些未成年人的严重越轨行为，如果换到成年人身上，判处死刑基本是不可避免的。从事这些严重越轨行为的未成年人主要来源于两个群体。一个是官二代、富二代的特权家庭群体，另一个则是缺乏家长照管的困难家庭群体。前一类群体成员多生于官员家庭或富裕阶层，往往拥有一定特权，很多时候在学校都会受到照顾，他们的很多越轨行为都不会受到追究，因此他们敢于越轨且不计后果。后一类群体的家庭多为打工人员家庭、父母残缺家庭或残疾人家庭。这类未成年人或因父母长期外出打工、离婚、死亡而家庭残缺不全，或因父母残疾无法给其良好的家庭教育。他们很多人由祖父母、外祖父母抚养，一方面经济条件较差，另一方面却往往受到祖父母的溺爱而疏于管教。这类群体往往社会化不充分，受教育程度不高，多数早早辍学，过早饱尝人间冷暖使他们变得冷酷无情，仇视社会是他们中

---

① "违法"是我国特有的一种界定，一般指不符合刑法规定的犯罪标准，但违反了《治安管理处罚法》等法律的行为，在国外被称为微罪或违警罪，都被视为犯罪。

很多人具有的心理特点。发生在甘肃的留守青少年打死成年人案件，就是第二类群体的典型案例。

受西方腐朽文化的影响，我国未成年人严重越轨行为的恶性和数量不断上升。如何对未成年人进行良性社会化，遏制和减少其严重越轨行为，就成为我们必须关注和研究的课题。在前文中，我们分析了两类易出现越轨行为倾向的未成年人群，一类是生活在富裕家庭的青少年，另一类是生活在困难家庭的青少年。这两类群体都易出现严重的越轨行为。在第一类优越家庭中，未成年人的良性社会化条件充裕，甚至过分充裕。其社会化失败主要是家长的溺爱和放纵。这类未成年人的良性社会化，着力方向应该是其家长，而非青少年自己。在这些未成年人出现一般越轨行为时，学校不应因其家长的身份而给予其不合理的照顾，不应当让其在学校享有特权或组成不良群体。严格执法和平等执法是针对这一群体应该强调的问题。而第二类困难家庭未成年人的良性社会化条件往往缺乏和不足。困难家庭是一个概括性的定义。经济困难是此类家庭的一个重要特征，但并不是唯一特征（当然也有一些经济条件较好的例外情况）。此类家庭包括打工人员家庭、父母残缺家庭和残障人士家庭。残障人士家庭往往因家长残障而无法为未成年人成长提供良好的成长环境或良性社会化条件。而打工人员家庭则是因为未成年人的父母双方或者一方在外打工，无法为未成年人提供陪伴、教育和监督。父母残缺家庭是因为未成年人父母离婚、一方或双方死亡、服刑而无法为未成年人提供陪伴、教育、监督和引导。打工人员家庭和父母残缺家庭的未成年子女，很多和祖父母、外祖父母生活。老人抚养孩子已属不易，要求文化程度不高的老人，给这些未成年人充分的文化教育和培养是困难的，同时隔辈宠溺问题也比较突出。打工人员家庭的留守儿童是公众熟知的群体，而与他们相似的另一个群体，社会的关注较少，可以称为服刑人员未成年子女。他们的父亲或母亲因犯罪或严重违法而被剥夺人身自由①，这种情况可以是父母一方，也可以是父母双方。还有一种特殊情况是父母互害案件，即父母一方伤害另一方而自己入狱服刑的情况。这种情况下的未成年人，情况最为艰难，相当于失去父母双方的孤儿。

第二节　刑事司法和良性社会化的关联融合

未成年人刑事司法制度是处理未成年人犯罪问题的重要制度，我国历来十分重视通过未成年人刑事司法制度担负起教育和挽救失足未成年人的责任。20世纪90年代出台的《未成年人保护法》与《预防未成年人犯罪法》是关于未成年人的专门立法。2012年修改后的《刑事诉讼法》新设"未成年人刑事案件诉讼程序"。上述法律标志着未成年人刑事司法理念和制度在我国的发展。但是，未成年人刑事司法实践中面临着一些新情况和新问题，促使我们不断地对未成年人刑事司法理念和制度进行反思。

从前文可以得知，目前的未成年人刑事司法着眼点在于违法犯罪行为发生之后，也就是在未成年人已经实施了严重越轨行为或者是违法犯罪行为之后，如何惩罚、教育、保护和改造未成年人，而较少将注意力集中于如何对未成年人实施良性社会化，预防其实施严重越轨行为或违法犯罪。这个侧重点中外皆然。在德国，未成年人刑事司法又被称为青少年司法，主要着力点也在于如何设立适用于青少年或未成年人的特别程序，以适应其独特的不成熟的身心特点。无论是惩罚主义还是福利主义或是保护主义，其主旨都是如

①　例如，监禁、劳动教养、强制收容、收容教育或强制戒毒，后几项行政强制措施虽然取消，但也有必要提及，因为毕竟其在我国曾存在几十年之久。

何在青少年或未成年人违法犯罪后，对其进行处理，不同仅在于以惩罚为主还是以教育为主，以矫正为主还是以保护为主。这些模式也会关注未成年人犯罪后回归社会的问题，但却鲜有关注对未成年人良性社会化以提前预防青少年犯罪的。这种情况是法学研究与犯罪学、社会学研究相脱节造成的。青少年犯罪一直是犯罪学和社会学研究的传统领域，这两个学科都为青少年犯罪预防提供了大量的理论和对策。概括来说，基本思路都是关注青少年的良性社会化，通过对未成年人良性社会化，提前阻断未成年人实施严重越轨行为（或曰违法犯罪）的可能。而不是像未成年人刑事司法或青少年司法那样，在未成年人实施严重越轨行为（或曰违法犯罪）之后才采取行动，在如何惩罚、改造和矫正未成年人这个问题上做文章。但遗憾的是，很多从事未成年人刑事司法或青少年司法研究的学者却很少关注到这些理论和对策。我们可以思考一个问题：从现实效果上来看，在青少年一张白纸的状态下，对其实施良性社会化可以更好地避免青少年实施严重的越轨行为呢？还是在青少年已经实施过违法犯罪行为之后，也就是良性社会化失败之后，再通过惩罚、教育、关怀和保护来改造和矫正青少年使其洗心革面不再违法犯罪的效果更好呢？从犯罪学和社会学理论来看，违法犯罪行为的本质是严重的越轨行为，行为人没有实施严重越轨行为的内在原因则是良性社会化，也就是在内心深处不想或不敢从事违法犯罪行为，而对实施违法犯罪的未成年人进行改造和矫正的本质，实际上就是对其进行第二次社会化。既然如此，那么在青少年尚未实施违法犯罪之前，先行实施良性社会化的效果，从逻辑上讲肯定强于青少年第一次社会化失败后，已经实施了违法犯罪行为之后，再对其进行惩罚、教育和改造、校正（即第二次社会化）。青少年实施违法犯罪行为实质上已经表明其社会化是不合格的，或者说其良性社会化是失败的。从实践来看，未成年人违法犯罪后的再犯率较高，至今为止都未找到改造或校正的确定良方，原因就在于青少年良性社会化失败后，在其已经实施了违法犯罪行为的情况下，再通过惩罚、教育和关怀对其进行第二次社会化或者说改造和矫正是很困难的。

在世界各国的未成年人刑事司法理论中，能够将未成年人的初次社会化和第二次社会化结合的并不多见。但是，我国的社会治安综合治理理论①却有这种理论倾向。根据百度百科对社会治安综合治理的阐释，"社会治安综合治理，是在党委、政府统一领导下，在充分发挥政法部门特别是公安机关骨干作用的同时，组织和依靠各部门、各单位和人民群众的力量，综合运用政治的、经济的、行政的、法律的、文化的、教育的等多种手段，通过加强打击、防范、教育、管理、建设、改造等方面的工作，实现从根本上预防和治理违法犯罪，化解不安定因素，维护社会治安持续稳定的一项系统工程"②。

第三节　社会治安综合治理的新功用

社会治安综合治理理论重视学校和家长在未成年人初次社会化中的作用，力图通过青少年的良性社会化，避免或减少违法犯罪行为的出现。

---

① 社会治安综合治理理论指重视学校和家长在未成年人初次社会化中的作用，力图通过青少年的良性社会化，避免或减少违法犯罪行为的出现。
② 百度百科社会治安综合治理，http://baike. baidu. com/item/%E7%A4%BE%E4%BC%9A%E6%B2%BB%E5%AE%89%E7%BB%BC%E5%90%88%E6%B2%BB%E7%90%86? fromModule = lemma＿search-box。

一、社会治安综合治理简述

1."打防结合、预防为主，专群结合、依靠群众"的方针

2004 年 9 月，党的十六届四中全会通过的《中共中央关于加强党的执政能力建设的决定》强调，坚持打防结合、预防为主，专群结合、依靠群众，加强和完善社会治安综合治理工作机制。这是在总结社会治安综合治理多年实践经验的基础上，对社会治安综合治理方针的重要补充。从此，"打防结合、预防为主，专群结合、依靠群众"明确成为社会治安综合治理工作的指导方针，社会治安综合治理工作方针得到进一步丰富和发展。

社会治安综合治理工作方针的演变和发展，是对实践经验的高度总结和提炼，是一个认识不断深化、逐步走向科学的发展过程。同时，社会治安综合治理工作方针的确立和贯彻执行，也是在不断克服和纠正各种片面认识、错误观点的过程中曲折前进、逐步深化的。

2. 社会治安综合治理的主要目标和工作范围

社会治安综合治理的主要目标是：社会稳定，重大恶性案件和多发性案件得到控制并逐步下降，社会丑恶现象大大减少，治安混乱的地区和单位的面貌彻底改观，治安秩序良好，群众有安全感。

社会治安综合治理的工作范围，主要包括"打击、防范、教育、管理、建设、改造"六个方面。

二、对"打防结合、预防为主"的分析

未成年人的违法犯罪问题是全世界范围内的难题，国外称之为青少年司法。世界各国进行了大量研究，着眼点不外乎是如何在违法犯罪发生后进行惩罚和矫正。虽然也运用社会学和犯罪学的方法对青少年违法犯罪的原因和对策进行分析，但很少兼顾未成年人良性社会化，即通过对未成年人特别是

高危未成年人群进行良性社会化，培养其自觉接受社会规范，以从根本上减少（避免）青少年出现严重越轨行为，也就是在事前预防青少年违法犯罪行为的发生。唯有我国的社会治安综合治理理论很好地将未成年人刑事司法和未成年人良性社会化这二者结合。我国社会治安综合治理理论从刚提出时的"打防并举、标本兼治、重在治本"，到发展成熟后的"打防结合、以防为主"，就对"打"和"防"这两个关键性问题的价值平衡进行了很好的阐述。未成年人刑事司法是"打"，即如何打击未成年人违法犯罪，而未成年人良性社会化是"防"，即如何在未成年人违法犯罪前，避免其实施严重越轨行为。

1. 未成年人刑事司法与"打"

为什么说未成年人刑事司法是"打"，而未成年人良性社会化是"防"呢？在前文的分析和阐释中，我们了解到未成年人刑事司法的主要内容是在未成年人犯罪发生后如何惩罚犯罪、如何矫正改造未成年犯罪人。无论以什么样的模式和理论，即便是认为未成年人违法犯罪完全不需要承担刑事责任，也都不可能不对未成年违法犯罪人进行矫正和改造，也就是对未成年违法犯罪人进行第二次社会化。同时，未成年违法犯罪的被害人也多为未成年人，不可能只保护未成年违法犯罪人而拒不为未成年被害人伸张正义。如果不对违法犯罪行为进行最基本的惩罚，就失去了刑事诉讼存在的意义，更遑论未成年人刑事司法的公平正义了。未成年人刑事司法也有"防"的一面，但这种"防"只是通过惩罚和改造作为特殊预防来阻止或减少未成年违法犯罪人的二次犯罪。在预防未成年人第一次违法犯罪时，往往是苍白无力的。不仅是未成年人刑事司法，成年人刑事司法在预防成年人第一次犯罪方面也是乏善可陈。这一点，从世界各国居高不下的犯罪数字和我国近几十年来迅速增长的犯罪数量就知道了。因此，未成年人刑事司法就"打"和"防"而言，其效率和作用基本在于"打"上，在"防"上确实着力不够。

2. 未成年人良性社会化与"防"

前文已述，未成年人良性社会化是社会学和犯罪学的研究领域，其主要着眼点就是如何通过对未成年人正面、积极的引导和激励，对其进行良性社会化，以预防其出现严重的越轨行为。概括地说，未成年人严重的越轨行为与未成年人违法犯罪大致相当。我们可以使用数学中的等量代换法，来粗略地分析这个问题。如果未成年人违法犯罪与未成年人严重越轨行为是大致相当的，那么要预防未成年人违法犯罪，只要预防未成年人严重越轨行为就可以了。预防未成年人违法犯罪，未成年人刑事司法难有建树，但是如果换成预防未成年人严重越轨行为，却正是社会学和犯罪学长期研究的领域。未成年人严重越轨行为可以视为犯罪学意义上的"犯罪"，而未成年人"违法"犯罪则是刑法学意义上的"犯罪"。一般而言，犯罪学意义上的"犯罪"的外延要大于刑法学意义上的"犯罪"。如果能够预防犯罪学意义上的"犯罪"（或未成年人严重越轨行为），那么从等量代换的数理逻辑上讲，就应当可以预防小于其外延的刑法学意义上的"犯罪"（或未成年人刑事司法意义上的"犯罪"）。

三、"专群结合、依靠群众"与未成年人良性社会化

社会治安综合治理的理论和实践都包括了针对未成年人或青少年的专门内容，对预防未成年人违法犯罪或未成年人严重越轨非常重视。

1985 年 10 月，中共中央发出关于进一步加强青少年教育、预防青少年违法犯罪的通知，明确提出关心和教育青少年、预防青少年违法犯罪是一项综合治理的系统工程。

1991 年 3 月 2 日，七届全国人大常委会第十八次会议，通过了《关于加强社会治安综合治理的决定》，强调要从解决根本问题入手，加强对全体公民特别是青少年的思想政治教育和法制教育，提高文化、道德素质，增强法

治观念，鼓励群众自觉维护社会秩序，同违法犯罪行为作斗争。

前文所述的社会治安综合治理工作范围的第三个方面是教育，明确规定："教育，特别是加强对青少年的教育，是维护社会治安的战略性措施。各部门和各单位都要根据青少年的特点，开展各种喜闻乐见、寓教于乐的思想教育活动，培养青少年高尚的情操，提高辨别是非的能力，增强自身的免疫力。"

前述社会治安综合治理方针"打防结合、预防为主，专群结合、依靠群众"，不仅"打防结合、预防为主"的内容可以适用于关联融合未成年人刑事司法和未成年人良性社会化，而且"专群结合、依靠群众"的内容也可以适用于预防未成年人违法犯罪或预防未成年人严重越轨，即可以与未成年人良性社会化紧密结合。依据"专群结合、依靠群众"这一方针，我们可以全方位调动学校、家庭、社区的力量，彼此配合呼应，共同为未成年人，特别是未成年高危群体的良性社会化做出努力。以服刑人员未成年子女这一高危群体的良性社会化为例，以司法行政机关和民政机关为主导，指导教育工作者、社区工作者和儿童村等救助机构、慈善机构工作人员共同对其进行良性社会化，公务人员、专家、教师、社区志愿者、救助工作者和未成年人亲属一起上阵，"专群结合，依靠群众"，以社会主义优越性带来的全社会对服刑人员未成年子女的爱和关怀，通过温暖使其完成合格的良性的社会化，避免其出现严重的越轨行为，预防违法犯罪行为的发生。社会治安综合治理近几年来较少提起，似乎不再是热门问题，但是就未成年人刑事司法和未成年人违法犯罪预防而言，却仍然是点石成金的神器。社会治安综合治理正好可以关联融合未成年人刑事司法和未成年人良性社会化，综合运用刑法、刑事诉讼法、监狱法、犯罪学和社会学的理论，解决高危未成年人群体的良性社会化问题。事实证明，社会治安综合治理是可以作为未成年人刑事司法和良性社会化这两个关联性问题的理论基础的。而中国社会在未成年人刑事司法和未成年人良性社会化方面进行的一系列实践，也可以形成中国经验在世界范围内推广，为世界各国应对严峻的未成年人犯罪问题提供帮助。

第四节　三个层面构成的中国实践

预防未成年人违法犯罪或未成年人严重越轨行为是一个系统工程，中国社会在长期的实践中形成了有益的经验，堪称从中国实践到中国经验。笔者认为，预防未成年人违法犯罪或未成年人严重越轨行为的中国经验，其理论依据由社会治安综合治理关联融合，而实践方法则由三个层面构成。

一、在全社会范围内消除贫困

贫困是犯罪的温床，而消弭贫困则是预防犯罪，特别是预防未成年人违法犯罪的有力武器。近十几年来，中国的扶贫实践取得了举世瞩目的成绩。数以千万计的贫困人口脱离贫困，达到温饱甚至小康水平。无论是西部大开发，还是定点扶贫，或是第一书记下乡，都极大地改变了落后地区的面貌和贫困人口的观念。一方面引入各种生产项目，从经济上增加了贫困地区的收入；另一方面开阔贫困人口的视野，从观念上、知识上、技术上帮助他们从思想上脱贫，既授人以鱼，又授人以渔。在整体解决贫困问题的大形势下，贫困人口大大减少，贫困地区的基础设施大为改善，村村通电通路通网，极大地改变了老少边穷地区封闭落后的状态。而上述改变必然惠及这些贫困地区或贫困家庭中的未成年人，使其生活质量得到巨大的改善。家里有了钱，自然就可以完成九年义务教育。消除贫困的努力，又可以进一步促进未成年群体的教育。在生活保障和教育保障的双重作用下，贫困地区或贫困家庭未成年人的良性社会化在整体上就有所保障。因为贫困辍学或流浪乞讨，被违法犯罪分子侵染教唆而出现反社会化或犯罪化的情况必然大大减少。潜在的未来的违法犯罪人自然也随之减少。

二、针对未成年人的整体保护

如果说在第一个层面的扶贫实践中，中国经验主要立足于"防"，那么在第二个层面的实践中，中国经验就可以说是打防结合了。以校园霸凌为切入点，我国政府出台了一系列的法律和政策。从整体上保护未成年人的有《未成年人保护法》。从刑事司法角度看，倾向于"打"的有《刑事诉讼法》中"未成年人特别程序"和"附条件不起诉程序"以及《社区矫正法》。其中，"附条件不起诉程序"针对未成年犯罪人设定考察期，如果符合法律规定条件，就可以不起诉、不审判。而《社区矫正法》的颁布，则减少了对未成年人监禁形式的处罚，代之以教育和矫治为主的社区矫正。在"防"的层面，针对校园霸凌，中小学校都加强了校园管理，或是校园封闭管理，或是增加保安，或是公安人员入校，使外来社会人员进入校园骚扰、霸凌学生的情况大为减少。很多人青少年时期都经历过的流氓地痞敲诈勒索在近十几年也都慢慢消失了。

三、针对特定未成年人群体的专项治理

中国实践的第三个层面，则是针对未成年人违法犯罪的高危群体和易感人群的专项治理。笔者在前文分析过，未成年人违法犯罪有两类高发群体，其中第二类困难家庭包括打工人员家庭、父母残缺家庭和残障人士家庭。无论是打工人员家庭、父母残缺家庭还是残障人士家庭，其良性社会化困境一般都来源于两个"没有"：一个是"没有钱"，另一个是"没有人"。"没有钱"是说这些困难家庭往往经济困难，也正是因此才将这类家庭统称为困难

家庭。"没有人"是说这些困难家庭没有人能行使监护、教育和照顾的职责或者行使上述职责的人能力较弱。例如留守儿童,其监护人长期在外打工很少见到孩子,很难尽到监护、教育和照顾的责任。服刑人员未成年子女,其监护人更是入狱服刑,不可能行使监护、教育和照顾的职责。而残障人士家庭的未成年子女的监护人往往是残障人士,履行监护、教育和照顾职责的能力有限。因此,针对上述困难家庭,要预防未成年人违法犯罪或未成年人严重越轨行为,就要从"没钱"和"没人"这两个问题着手解决。"没钱"的问题,在中国实践的第一个层面"全社会范围内消除贫困"已有关注。有针对性的扶贫工作可以通过惠及这些未成年人的家庭和监护人而惠及他们。而"没人"的问题,则需要在政府的主导下渐次解决。随着我国对特殊未成年人群体监护缺位问题的关注,这些高危未成年人群体的情况明显改善。2006年以来,街头流浪的少年不见了,火车站、汽车站伸手乞讨的儿童也不见了。于普通人而言,这似乎只是观瞻感受的改善;于整个社会而言,却是大量潜在的违法犯罪人的消失;于这些被救助的未成年人个体而言,则是一生的改变。此等善举善政,功莫大焉。

四、小结

未成年人必须接受社会化,才能成为合格的"社会人",自觉接受社会规范,主动避免违法犯罪。如果未成年人不能接受合格的良性的社会化,他们就不能很好地接受社会规范,从事严重越轨行为的可能性就更大。而如果他们不仅无法接受良性社会化,反而因为缺乏监护(如流浪)而被违法犯罪分子所控制、影响,接受了反向的、恶性的犯罪化或反社会化,那么他们非但不能接受正常的社会规范,反而会接受反社会的规范,不但不以违法犯罪行为或严重越轨行为为耻,反而对违法犯罪行为或严重越轨行为习以为常甚至反以为荣。如果是这样,这些未成年人的社会化就是完全失败的,新一代的违法犯罪人就会在违法犯罪分子的培养下渐渐产生。

　　未成年人违法犯罪从社会学角度可以被视为严重越轨，良性社会化是预防未成年人违法犯罪的一剂良药。应当从跨学科交叉研究的视角，将未成年人刑事司法和良性社会化理论二者关联融合，通过社会学视角观察和解决刑事司法问题。近年来较少为人提及的社会治安综合治理正好可以关联融合二者，综合运用多学科理论，解决高危未成年人群体的良性社会化问题，为世界各国应对严峻的未成年人犯罪问题提供有益思路。

　　在推进社会主义法治建设的过程中，我们需要重视未成年人刑事司法和良性社会化的关联融合，在追求社会公平正义的同时最大限度地保护、教育未成年人，预防未成年人违法犯罪或实施严重越轨行为。

第四章　员额制改革概括评述

党的十七大报告提出，要"深化司法体制改革，优化司法职权配置，规范司法行为，建设公正高效权威的社会主义司法制度，保证审判机关、检察机关依法独立公正地行使审判权、检察权"，为司法体制改革进入新境界提出了要求，提供了空间。

自党的十八大以来，我国司法体制改革进展迅速，中央政法各部门出台了一系列改革文件。目前，我国司法体制改革在司法管理体制、人权司法保障机制、司法权运行机制、执法司法便民利民方面已经取得了突破性进展和明显成效，我国的司法体制改革已经推进到了一个新的历史阶段。随着改革的深入推进，改革所面临的困难也愈渐清晰，主要集中于以下六个方面：

第一，司法地方化。司法权从其权源属性及其功能地位界定，当数中央事权。司法地方化是指司法机关及其工作人员在司法活动过程中受到地方机关或者地方利益团体的不当控制和干扰，导致司法机关及其工作人员丧失其应有的独立权力和地位，从而出现的一种司法异化现象。其实质是地方不当截留司法权，是地方保护主义在司法领域内的具体体现。其后果是使地方司法机关丧失了作为国家司法机关应有的中立性而沦为地方利益和部门利益的"保护伞"，使国家的司法活动地方化，地方司法人员异化为"地方的法官"

"地方的检察官"。因此，其不仅严重制约了司法工作的持续健康发展，削弱了司法权对行政权的监督和制约，而且妨碍了司法公正、助长了司法腐败，阻挠了法制统一、损害了中央权威，降低了人民群众对司法的认可度、满意度与支持度。这成为新一轮改革必须破解的难题。

第二，司法行政化。司法行政化是指违背司法的规律，将法院、法官及司法判断过程纳入行政体制的命令与服从关系之中，按照行政权的行使方式行使审判权，导致司法被行政"格式化"的异化现象。其要害在于违背了司法权的运行规律，使司法应有的"被动性、独立性、中立性、亲历性、终极性"等难以体现，并产生司法权行使的主动性、政策倾向性、权力支配性等一系列不正常现象。比如，审判机关通常以行政的方式对案件的受理、审理进行"指示"或"指定"，往往审判机关的"上下监督"关系变成"领导"关系；一审、二审的审级程序虚置化、替代化，常常发生"先定后审、上定下审""审者不判、判者不审"的"行政司法"现象。

第三，司法低职业化。司法公正需要通过公正的司法审判程序来实现，司法人员特别是法官、检察官的职业化水准关乎司法应有功能的发挥。由于缺乏统一规范科学的法官、检察官招录准入制度，造成层级司法机关招录准入司法人员规则不公平、机会不公平、起点不公平；法官、检察官遴选制度不统一、不规范，导致司法人员"一考定终生"，形成基层有实践经验的司法人员无法有序进入国家、省级高层司法机关供职；高层司法机关的司法人员不少只有"三门经历"，即家庭门、学校门、机关门，形成"机关大、衙门深、职级高、综合素质低"的"奇特"现象。

第四，司法权配置异化。一是纵向配置上，司法权实行中央与地方分享，使国家统一的司法权力在行使过程中往往受到地方的不当干预和制约。二是横向配置上，司法权存在相互配合运行机制不足，制约机制缺陷，导致司法权行使主体交叉混同的现象。三是同一系统职权配置运行上，上级与下级司法权运行交叉错位，内部监督制约不足，行政隶属色彩浓厚，请示、报告、上级向下级"打招呼"现象屡见不鲜。四是职权结构配置上，司法权与行政事务权尚未有序分离。

第五，司法保障"分灶"固化。我国的司法机关人财物保障，一直实行"分灶吃饭、分级负担"的体制。这种保障体制是司法权地方化、部门化"固化"的根源。第三轮司法改革虽然在财力保障层面提出了"分类管理、分级供给、加大对中西部地区转移支付力度"的改革举措，一定程度上缓解了中西部地区办案经费、设施建设、装备技术投入面临的困境。但是仍未能触动传统的人财物保障体制，确保公正高效权威社会主义司法制度的现代人财物保障制度始终未能建立起来。

第六，人权司法保障弱化。近年来，我国人权保障事业取得了很大进步，但仍存在人权司法保障弱化的问题。比如，有罪推定的司法思维模式和重打击轻保护、重实体轻程序等司法观念根深蒂固；刑讯逼供，严重侵犯犯罪嫌疑人、被告人人身权利的司法违法现象屡禁不止；等等。人权司法保障弱化致使冤假错案屡禁不止，公民人身权、财产权遭受侵害频频发生并难以救济，有时引发社会纠纷矛盾，导致司法信任危机、司法公正公信受到挑战。

为解决上述问题，2014 年党的十八届四中全会后我国开始了近年来的新一轮司法改革。这一轮司法改革也是肇始于法院系统，主要由四项改革措施组成：司法责任制、司法人员分类管理、司法人员职业保障和人财物省级统管。为了便于表述，笔者就以最为公众所熟知的员额制改革（司法人员分类管理改革）代称这次司法改革。

第一节　改革概述

国内对各地司法改革的研究已经取得了一定的成果，对"半公开性"的试点方案进行了较为全面的解读，对改革方案进行了理论上的阐释，为试点改革提供了理论上的支撑。同时也有学者对各地司法改革前期的实践情况进行了研究，总结了当前的实践经验，归纳了改革过程中出现的难点，并为改革的继续深入提出了建议。对员额制司法改革研究的成果不少，不过往往立足于各省司法改革方案和司法机关官宣文稿。不过，这种立足文本的研究虽然权威，恐怕也会有以下不足：

其一，研究进路比较单一。首先，这种研究对各地市司法改革试点方案的文本进行解读，注重将方案的具体内容理论化，为其提供正当化的依据，但是缺乏整体性阐释，未能研究试点方案各具体项目之间的关系。虽然很好地阐释了司法改革方案和纸面上所表达透露出的改革意向，但是仅仅注重了制度本身，未能充分结合制度背后稳定的制约因素来阐释制度改革的意义。其次，缺乏实证研究。这种研究，集中在对方案的文本解读，而对近年来各地司法改革实践层面的研究较为匮乏。对各地司法改革的"实然"研究，仍需进一步加强。

其二，研究的视角比较狭窄。无论是对方案的解读，还是对各地司法改革实证层面的经验总结，这种研究都采取了官方视角。受解释对象的限制，对司法改革方案的解读采取官方视角可能是一种必要的选择。但是实证层面的研究似乎不应也局限于官方视角，也许是受制于数据源的获取渠道。目前，"实然"数据都来自官方所提供的文本，尤其是法院部门所提供的材料。官方数据具有权威性，但是容易遗忘被忽视的群体和问题。同时，实证研究也缺乏基层司法组织的改革情况。

其三，实证研究的数据来源比较模糊。在总结各地司法改革的实际情况时，数据来源较为模糊，如在描述司法改革的完成情况时，一般以中级人民法院的文件为数据依据，但是中级人民法院的文件多是对司法改革的部署意见，而部署意见不等于实际完成情况的统计。

其四，中观、微观层面的实证研究不足。目前的研究主要采用了宏大的整体视角，就整个司法改革的方案予以评价或者就整个司法改革情况予以总结，在具体的改革措施方面，主要采取了描述性的方式予以概括说明，针对单个措施的专门、深入研究不足。

以上就是文本研究的不足，那么，以员额制为代表的四项司法改革到底进展到什么程度？是否取得了显著成效？还存在哪些问题？是否还有深化的空间？这一系列的问题都需要我们进一步分析阐释。本节笔者准备以学者的既有研究为基础对以员额制为代表的四项司法改革进行深入探讨和进一步分析。

一、司法责任制

习近平总书记指出，司法责任制改革是我们全面深化司法体制改革必须牢牢牵住的"牛鼻子"。完善司法责任制，是建立权责统一、权责明晰、权力制约的司法权运行机制的关键，也是深化司法体制改革的核心，对于促进严格公正司法具有十分重要的意义。司法责任制主要包括以下几个方面：

一是职权配置，即由审理者裁判。审判权由谁行使，法律规定是人民法院依法独立行使审判权，对人民法院怎么行使规定得不是很清楚，所以，它是一个集体职权。司法责任制改革直接要求由审理者裁判，审理者包括人民法院的审判组织，即独任审判员、合议庭，特殊情况下还包括审判委员会。

二是责任承担，既然把权力给了审理者，最后当然要由裁判者负责。这个裁判者和审理者是一样的，他们都是执掌司法权力的人和审判组织。在这里要坚持权责相一致。

三是一旦发生错案，就要启动追责程序。关于终身追责的要求，是十八届四中全会《决定》和中央政法委提出的。最高人民法院发布的《关于完善人民法院司法责任制的若干意见》，也是为了落实中央关于司法责任制的意见而制定的，其中也规定了终身追责的内容。刚发布的时候，司法责任制还没有在全国推开，但现在已经在全国推开了。①

原中央政法委副秘书长姜伟在谈到司法责任制时指出，全面落实司法责任制的目标就是建设公正高效权威的社会主义司法制度，努力让人民群众在每一个司法案件中感受到公平正义。司法是维护社会公平正义的最后一道防线。公正司法是赢得公众信服的根本。如果通过司法程序不能保障自己的合法权利，人民群众就不会相信司法，司法公信力必然会下降。习近平总书记强调："司法体制改革必须为了人民、依靠人民、造福人民。司法体制改革成效如何，说一千道一万，要由人民来评判，归根到底要看司法公信力是不是提高了。"

司法公正不是抽象的，而是具体的。全面落实司法责任制的成效就要体现在当事人和人民群众对公平正义的切身感受中。习近平总书记曾深刻阐述公正办理每一个具体案件的重要性，指出："人民群众每一次求告无门、每一次经历冤假错案，损害的都不仅仅是他们的合法权益，更是法律的尊严和权威，是他们对社会公平正义的信心。要懂得'$100-1=0$'的道理，1个错案的负面影响足以摧毁99个公正裁判积累起来的良好形象。执法司法中万分之一的失误，对当事人就是百分之百的伤害。"我国约90%的案件由基层法

<hr />

① 360百科，最后访问时间2023年11月27日，https://baike.so.com/doc/26623499-27894701.html。

院、检察院办理，近80%的法官检察官在基层工作。全面落实司法责任制的重点在基层，难点在基层，希望也在基层。绝大多数人民群众接触的是基层法官检察官，他们的司法能力和水平对司法公信力有决定性影响。全面落实司法责任制就是要在基层司法一线落实"谁办案谁负责"，切实解决具体案件的公正问题，将法定的公平正义现实化、具体化。

司法面对争议事实居中裁判，应发挥明辨是非、救济权利、定分止争、惩恶扬善的功能。根据"司法亲历性"要求，法官只有亲自倾听诉讼双方举证、质证的主张和理由，才能够真正认识和感受具体案件中的是非曲直，最终形成裁判依据。全面落实司法责任制，让人民群众知晓裁判者是谁、裁判如何作出、裁判质量由谁负责，了解裁判形成的过程、结果和责任，可以让司法更公正、更高效、更权威。全面落实司法责任制，既要遵循司法规律，坚持"让审理者裁判、由裁判者负责"，也要强化对司法权的监督制约，明确追责程序，做到"有权必有责，用权受监督，失职要问责，违法要追究"，确保司法公正。全面落实司法责任制，需要构建与新的办案机制相配套的权责一致、开放透明、亲民便民的"阳光司法"机制，以公开促公正、以透明保廉洁、以责任树公信，保证法官检察官做到"以至公无私之心，行正大光明之事"，塑造人民群众看得见、信得过、可感受、能评价的公平正义。①

二、司法人员分类管理

在国家治理中，司法承载着解决社会矛盾纠纷的重任，被视为社会公平正义的最后一道防线。法官作为社会公平正义的化身，以"精英化"为其身份标签。这种精英化特征从法学教育开始起步。法学教育担负着对未来的法律职业群体进行严格的专门训练，使其具备常人难以具备的法律职业所要求

---

① 姜伟：《全面落实司法责任制》，共产党员网，最后访问时间2023年11月27日，http：// news. 12371. cn/2017/12/16/ARTI1513397709185341. shtml。

的特殊的技术理性的职责。法律职业群体内部又分化为法官、检察官、律师等不同角色，法官角色在其中被寄予最高的专业能力和道德素质期待，因为对于社会生活中的各种疑难杂症，都需要法官对其作出最终的"裁断"。

法院体系呈金字塔式结构，最高人民法院雄踞金字塔的顶端，以解决最为重大、复杂、疑难的案件，统一裁判尺度，制定司法政策，促进法制统一为其使命。最高人民法院的法官站在金字塔的塔尖，被视为"精英中的精英"，要对法律适用中的各种棘手问题找出解决方案。法官精英化是司法公信力的重要支撑，社会矛盾纠纷各种各样、千变万化，对于重大、复杂、疑难案件的裁判，极易出现认识不一的局面，在这种情况下，法官精英化在某种意义上赋予司法以权威性，当事人以及普通民众往往会因为信赖法官而信赖司法进而认同司法裁判，司法作为法治社会基石的功能由此得以彰显。

我国通过建立统一的国家统一法律职业资格考试制度设定了初任法官的准入门槛，通过职业培训提高法官的司法能力，并注重加强法官的职业道德建设，法官的职业素质总体上不断得到提高。但是，长期以来，对于法官队伍基本上参照公务员进行管理，未能突出法官的职业特点；在法院内部未能突出法官的办案主体地位，一些人拥有法官头衔却不办案，出现了优秀法官逃离办案一线，进行"逆向选择"的现象。法官队伍人数较多，但一线法官却较少，还要处理大量的案件，不得不"五加二""白加黑"地工作，导致法官被戏称为"司法民工"。法官默默无闻地工作，其精英化形象被模糊、被弱化；在最高人民法院，因为"伟大的判决"而被社会公众记住名字的法官寥寥无几，未能形成"群星璀璨"的法治图景。法官队伍管理公务员化不利于法官整体的精英化形象塑造，不利于司法公信力的提高和司法权威的确立。

在新一轮司法体制改革中，将完善司法人员分类管理、完善司法责任制、健全司法人员职业保障制度、推动省以下地方法院检察院人财物统一管理作为"四梁八柱",将法官、检察官员额制改革作为其中的关键举措。就法院系统的改革而言,法官员额制改革具有基础性意义,它是推动我国司法形态转变、司法改革深化的重要抓手。有学者称,法官员额制改革,将使原来"从一线抽血"的机制转变为"向一线供血"的机制。据统计,2017 年,通过法官员额制改革,全国地方各级法院共产生了近 12 万名入额法官,约占中央政法专项编制总数的 32.8%;最高人民法院在 6 个巡回法庭先行先试了主审法官办案责任制,并完成了首批法官的入额工作,在现有 642 名法官中选了 367 名入额,占全院编制总数的 27.8%。

对法官队伍进行"瘦身"和"重新洗牌",对于塑造"少而精"的法官精英化形象具有举足轻重的作用。在最高人民法院员额法官遴选的过程中,通过严格遴选标准和程序,差额择优、量能选人,确保了真正将优秀的业务骨干遴选到一线办案岗位;入额法官平均年龄 47 岁,平均法律工作经历 22 年,体现了职业化;博士研究生 119 人,硕士研究生 205 人,大学学历 43 人,体现了专业化;年富力强、经验丰富的审判员成为员额法官的主流,法官群体的精英化轮廓得以初步显现。党的十八届四中全会提出了政法队伍"正规化、专业化、职业化"的要求,精英化可谓正规化、专业化、职业化的一种顶级表现形式。最高人民法院的法官员额制改革,向着打造"最为优秀的法官群体"的目标迈出了至关重要的一步。

法官员额制改革是法院的一场自我革命,触及内部工作人员的切实利益,需要有"壮士断腕"的勇气方能获得成功。随着首批 366 名入额法官在首席大法官周强院长的率领下完成宪法宣誓仪式,最高人民法院终于"啃下"了司法体制改革中"一块最难啃的硬骨头",为司法责任制改革奠定了坚实的基础。"让审理者裁判,由裁判者负责"意味着法官的自主性、自决性增强,与此同时,法官的责任也随之加重,只有精英法官才能适应这样的要求并承担这样的责任;法院的审判权力下沉促进了审与判的统一,是符合司法规律的"龙头性"改革，只有精英法官才能胜任司法改革后的新机制和新要求。通过法官员额制改革将这部分精英法官筛选出来，为包括司法责任制在内的综合性改革提供了前提条件。

全国各级法院"从严从实选贤能"，法官队伍精英化、专业化，员额法官的稀缺性以及相配套的薪酬等待遇的提高，有助于提升法官职业的尊荣感，维护法官理性、权威、公正不阿的职业形象。在法官具备了优秀的职业能力、深厚的法律素养、高尚的职业伦理、优质的生活待遇、充分的职业保障之后，出自德沃金的名言"法院是法律帝国的首都，法官是帝国的王侯"有望成为中国司法的未来图景。我们期待，从最高人民法院能够产生一批"伟大的判决"、产生一群"伟大的法官"①。

三、司法人员职业保障

2016 年 7 月 21 日，中共中央办公厅、国务院办公厅印发了《保护司法人员依法履行法定职责规定》（以下简称《规定》）。《规定》涵盖了防止干预司法活动、规范责任追究和考核考评、加强履职安全保护等多个层面，体现了党中央对司法工作和司法人员职业保障的高度重视和亲切关怀。最高人民法院结合自身工作实际据此制定了《人民法院落实〈保护司法人员依法履行法定职责规定〉的实施办法》（以下简称《办法》），报经中央同意后，正式印发实施。《办法》的出台，对于全面贯彻落实《规定》内容，在全社会推动形成尊重司法裁判、维护司法权威的良好氛围，具有重要而深远的意义。

1. 深刻认识加强司法人员履职保障的重大意义

第一，加强司法人员履职保障是确保司法公正的现实需求。司法权是判

---

① 熊秋红：《法官员额制改革推进司法精英化》，中国法院网，最后访问时间 2019 年 11 月 27 日，https://www.chinacourt.org/article/detail/2017/07/id/2914083.shtml.

断权和裁量权。法院审理案件、作出裁判，本质上是法官对事实认定和法律适用形成内心确信的过程。要追求裁判过程公平、结果公正，必须确保法官办案时远离案外其他任何因素的不当侵扰。现实中，一些单位、个人甚至个别领导干部违规过问、干预插手案件，或是"打招呼""批条子"，或是借助人情关系、威逼利诱对法官施加压力，严重影响到司法公正。还有一些地方未充分考虑司法机关的职业特点，以行政指令方式安排法官从事招商引资、行政执法、治安巡逻、交通疏导、卫生整治、行风评议等超出法定职责范围的事务，既损害了司法机关客观、中立、公正的形象，也使法官难以专注行使审判权。事实证明，没有风清气正的履职环境，不能彻底排除不当干扰，司法公正就难免会掺入杂质、蒙受质疑。加强司法人员履职保障，就是要通过设置制度的"防火墙"和"高压线"，为一线司法人员营造优良的司法环境，使他们能够心无旁骛、专注从容地做好审判工作。

第二，加强司法人员履职保障是提升司法权威的必要条件。具备权威的司法体系，才能持续稳定地向社会提供公正高效的司法产品，满足社会公众对公平正义的基本需求。从某种程度上说，司法的权威就是法治的权威，司法人员履职行为的权威就是法治权威最生动鲜活的体现。如果司法人员的履职安全缺乏保障、司法裁判得不到有效执行，司法就无法发挥定分止争作用，法律形同虚设，社会必然失序，受损的是整个社会和每一位公民。实践中，一些单位、个人为泄私愤、谋私利，阻挠、妨碍司法人员依法履职，甚至诽谤、威胁、侵害司法人员。近年发生的湖南永州法官遭枪击、湖北十堰法官遇刺、北京昌平马彩云法官被害、浙江宋城集团舞台剧侮辱某高院院长等事件，都是侵害司法权威的极端表现。此外，司法人员在日常工作中，也时常遭遇各类诬告陷害、恐吓威胁和诽谤侮辱，有的甚至波及家人，这不仅影响到办案人员的职业尊荣，也严重破坏了司法生态。司法裁判承载的不是简单的你输我赢，法官判案也不仅是为解决纠纷，而是要为全社会打造公平正义的制度环境。判断一个国家的法治发展水平，观察一国法律在国家治理中是不是发挥了重要作用，最直观的就是看司法人员是否受到足够尊重，司法裁判是否得到有效遵从，那些藐视法庭、妨碍司法、暴力抗法的行为是否及时受到制裁。

第三，加强司法人员履职保障是完善法治体系的题中之义。全面推进依法治国的总目标是建设中国特色社会主义法治体系，建设社会主义法治国家。只有确保人民法院依法独立公正行使审判权，构建充分、严密、周到的司法人员履职保障机制，司法公正才能真正成为法治体系最重要的保障支撑。长期以来，许多法院对司法人员的关心爱护还停留在口号或政策层面，缺乏长效机制和组织保障，对侵害司法人员权益行为的反应处理较为滞后，严重影响一线司法人员的工作积极性，必须通过加强制度建设、完善配套措施来补齐短板、提振士气，打造一支端稳天平、握牢法槌、铁面无私、秉公司法的法治工作队伍。

2. 正确把握司法人员依法履职保障中的三组关系

一是要正确处理"立威"与"立信"的关系。在法治国家，司法机关应当有威信。但威信的形成，不是用威以立信，而是立信以树威，即威是以信为基础的。对人民法院来说，"信"就是司法公信力，"威"就是司法权威。建设权威的司法制度，必须牢牢依靠党的领导、人大的支持、社会的理解，人民法院自身也要通过更加公正、高效、公开、便民的司法来确立司法公信、争取信任支持。实践中，对于打着"裁判不公"旗号，严重破坏法律秩序、诽谤侵扰司法人员的行为，必须坚决依法惩治，绝不能息事宁人、迁就纵容，如果连法院都信奉"搞定就是稳定，摆平就是水平，妥协就是和谐"，只会自损权威，埋下更深的矛盾和隐患。各级人民法院一方面要站在"立信"的角度，不断苦练司法内功，提升司法公信；另一方面要从"立威"的角度，维护司法秩序尊严，确保法律正确有力实施。

二是要正确处理"行权"与"自制"的关系。在研究起草《刑法修正案（九）》过程中，有意见提出，扰乱法庭秩序犯罪是"法官眼前的犯罪"，应当参照有些国家追究藐视法庭罪的程序，由人民法院直接审理作出判决。立法机关研究后认为，扰乱法庭秩序犯罪虽然发生在"法官眼前"，但如果由人民法院直接审理、径行判决，在程序上制约不充分，不利于提高司法公信力。总体来看，受当前社会环境、公众法治意识、司法总体状况等客观因素影响，社会各界对法官滥用权力的担心还在一定程度上存在，这些都对人民法院行使制裁权的时机、方式和分寸提出了更高的要求。面对妨碍司法人员依法履职的行为，我们既不能反应迟钝、姑息纵容，也不宜过于敏感，稍有冒犯便强势回应。人民法院应当通过扎实的审理、良好的作风、公开的程序、透彻的说理，赢得公众的尊重和信任。只有这样，我们在该严格执法时才能做到说话掷地有声、行事底气十足，"该出手时就出手"。

三是要正确处理"追责"与"保障"的关系。有的同志对司法责任制有抵触情绪，认为责任制只强调终身追责，不重视职业保障。事实上，司法责任制文件和依法履职保障文件本身就是辩证统一的整体。所谓追责，是严格按照宪法、法律和司法规律追究违法审判责任，并非动辄得咎。根据《办法》和《规定》，"非因法定事由，非经法定程序，不得将法官调离、免职、辞退或者作出降级、撤职等处分"，"法官履行法定职责的行为，非经法官惩戒委员会听证和审议，不受错案责任追究"。这些都是对法官依法履职的有力保障。同时，强化司法人员履职保障，目的是更好地推动"让审理者裁判、由裁判者负责"，并不是要强调法官群体的特权，更不应成为某些法官违法审判的"护身符"①。

---

① 李少平：《健全司法人员依法履职保障机制，推动形成尊重司法裁判、维护司法权威的良好氛围》，中国法院网，最后访问时间 2019 年 11 月 27 日，https：//www.chinacourt.org/article/detail/2017/02/id/2540645.shtml。

四、人财物的省级统管

作为本轮司法改革的四大任务之一，"省以下法院检察院人财物统一管理"直接触及体制核心，被视为司法改革的另一块"硬骨头"。

如何处理司法系统与地方政府之间的利益问题，确保司法公正，使法院检察院可以依法独立行使审判权检察权，改变目前司法机关层级管理制度，这些都对司法改革提出了更高的要求。

1."去地方化"，确保依法独立公正行使审判权检察权

我国是单一制国家，司法权属于中央事权。但长期以来，我国法院、检察院人财物实行分级管理、分级负责的体制，地方法院、检察院人财物由同级党政机关管理，导致司法活动经常受地方保护主义干扰，在一定程度上影响了司法公正。

党的十八届三中全会决定提出，"改革司法管理体制，推动省以下地方法院、检察院人财物统一管理"，其宗旨就是要确保依法独立公正行使审判权检察权，实现省以下地方法院、检察院人财物统一管理，从而探索建立与行政区划适当分离的司法管辖制度。

中央全面深化改革领导小组第三次会议审议通过的《关于司法体制改革试点若干问题的框架意见》明确提出了改革路径：对人的统一管理，主要是建立法官、检察官统一由省提名、管理并按法定程序任免的机制。对财物的统一管理，主要是建立省以下地方法院、检察院经费由省级政府财政部门统一管理机制。

"实现人财物统管直指去地方化这根司法体制改革的'硬骨头'"，中国人民大学教授陈卫东表示，通过此次改革，各省司法人员、编制将由省提名、管理，法官、检察官仍按法定程序任免，经费将由中央和省级财政统筹保障。法院、检察院将更有底气、更有能力摆脱地方保护主义的干扰。

2. 多地试点，探索司法机关层级管理制度改革

在率先启动司法改革试点的上海，正在探索实施法院、检察院的人财物省以下统管机制，改革司法机关层级管理体制。

在人员管理方面，上海市形成法官、检察官"统一提名、分级任免"，以有效减少外部干扰、提高司法公信力。为此，上海将组建由各部门和专家组成的法官、检察官遴选、惩戒委员会。在财物管理方面，则将区县司法机关作为市级预算单位，纳入市财政统一管理，落实"收支两条线"管理；清查登记各类资产，也由市里统一管理。"这样有助于形成符合分类管理要求的经费分配体系，为司法机关依法独立公正行使司法权提供可靠保障。"时任上海市委常委、政法委书记姜平说。

更多因地制宜的探索在各个试点省市展开。为了让法院、检察院与地方适当脱钩，湖北全省法院、检察院系统全部实施了财物由省级统一管理。"过去基层法院、检察院的保障水平与当地经济发展程度、财政收入状况有关，有的地方经费困难，难免有执法创收的冲动。全省财物统管之后，开前门、堵后门，保障更充足。"湖北省司改办有关负责人说。

同时，各试点省市司法机关结合地区实际情况和自身特点，采取一系列措施探索完善财物管理体制。吉林省检察院在试点实施方案中提出，按照全省检察机关上年度上缴非税收入总额的20%建立备用金，由省财政厅和省检察院共同管理，主要用于大要案办理、突发事件处置和检察人员伤残抚恤等特殊情况的经费保障。

3. 多措并举，优化制度设计助改革进一步深化

一些试点地方反映，当前省级统管还存在一些问题，如负责部门、管理内容等制度性安排还需进一步明确，编制外人员的经费保障问题还要更加细化，地区间过去的工资标准差异还得进一步平衡等，这都对下一步工作提出了更高的要求。

有专家认为，随着改革的深入推进，可考虑将各省内地方法院、检察院中央政法专项编制上收省级统一管理，根据办案数量确定省内各法院、检察院政法专项编制数，切实化解各地忙闲不均、解决案多人少的矛盾。

对法官检察官的统一管理，试点地方均按照中央要求，实行法官检察官统一由省遴选、管理并按法定程序任免的机制：在省一级设立法官检察官遴选委员会，实行统一的遴选条件、标准和程序，从专业角度对法官检察官人选进行把关；组织人事、纪检监察部门在政治素养、廉洁自律等方面把关，确保法官检察官人选政治坚定、清正廉洁；依照相关程序，由院长、检察长提名；各级人大依照法律程序进行任免。[①]

第二节　改革评述

一、司法责任制改革评述

笔者认为，在四项司法改革中，司法责任制应该是真正关乎司法进步和司法文明的制度改革。

近几年我国出现的一系列冤假错案，都涉及追究司法工作人员责任的问题，这是一个无法回避的问题。在这次司法改革中，审判机关也不得不对这一问题明确表态，以回应公众和社会的广泛关注。司法裁判涉及人的财产、荣誉、自由甚至健康和生命，绝非一般行政机关的行政行为所能比拟。如果不和司法责任相关联，就可能以不负责任的态度处置他人的财产、荣誉、自

---

① 《聚焦省以下法院检察院人财物统管制度改革》，正义网，最后访问时间 2019 年 11 月 27 日，http://news.jcrb.com/jxsw/201507/t20150727_1529691.html。

由、健康和生命，而这是古今中外任何国家和社会都不能容忍的。能够明确确认司法责任制，应该视为一种巨大的司法进步。司法审判人员享有高于一般公务人员的收入和尊荣，自然也要承担相应的高风险和高责任。这也是我们所说的有权就有责，责权相适应。也许有人认为设定司法责任制是对司法工作人员的苛求，特别是在法院审判一线工作的朋友可能有这样的异议。笔者认为，明确司法责任制是大势所趋势在必行。司法责任制改革在我国生逢其时，因此这一改革受到了社会公众的普遍关注和欢迎，特别是学界对最高人民法院这种勇于承担的责任感和使命感给予了高度评价，舆论好评如潮。司法责任制是法院对法官的严格要求，实际上也是树立司法权威的一种有益尝试。司法责任制实施之后，法官对自己办理案件的司法责任有了明确规定，"有法可依"，促使法官更加认真地审理案件。在刑事案件的司法责任制方面，法官的责任尤其之大，因此也促使法官更严格地审查裁判刑事案件，由此避免冤错案件的发生。

习近平总书记所作的党的十九大报告对深化全面依法治国实践作出战略部署，并对进一步深化司法体制改革提出明确要求，指出："深化司法体制综合配套改革，全面落实司法责任制，努力让人民群众在每一个司法案件中感受到公平正义。"全面落实司法责任制在司法体制改革主体框架中具有基础性地位、标志性意义、全局性影响，对于建设公正高效权威的社会主义司法制度、推进国家治理体系和治理能力现代化具有十分重要的意义。

1. 全面落实司法责任制，进一步深化司法体制改革

党的十八大以来，以习近平同志为核心的党中央高度重视司法体制改革。完善司法责任制是党的十八届三中、四中全会部署的重要改革任务，对提高司法质量、效率和公信力具有决定性影响。习近平总书记指出："要紧紧牵住司法责任制这个牛鼻子，凡是进入法官、检察官员额的，要在司法一线办案，对案件质量终身负责。"完善司法责任制针对"审者不判、判者不审"

这一影响司法公正、制约司法能力的突出问题，遵循"司法亲历性"的规律，突出法官检察官司法主体地位，明确法官检察官办案的权力和责任，让审理者裁判、由裁判者负责，落实"谁办案谁负责"的机制，要求法官检察官依法对案件质量终身负责。

习近平总书记多次主持召开会议研究部署司法责任制改革工作，作出一系列重要指示，指明了改革方向和政策导向。为确保改革的系统性、整体性、协同性，中央有关部门就破解改革遇到的难题，研究并提出了政策意见，先后出台了18个文件。完善司法责任制是建立权责明晰、权责统一的司法权运行机制的核心，对于保障人民法院人民检察院依法独立公正行使职权意义重大，在司法体制改革全局中具有举足轻重的地位，需要优先推进；完善司法责任制要求素质、权力、责任、保障相统一，与完善司法人员分类管理、健全司法人员职业保障、推动省以下地方法院检察院人财物统一管理等改革举措依存度高、耦合性强，是相互关联的有机整体，需要同步推进；完善司法责任制等改革政治性、政策性、敏感性强，改的是体制机制，打破了利益格局，社会各界高度关注，需要有序推进。根据中央统一部署，完善司法责任制改革循序渐进，经历了先行试点、逐步推进、不断深化的过程。按照中央关于重大改革事项先行试点的要求，2014年选择上海等7个省市先行试点，2015年扩大到18个省市区试点，2016年在全国普遍开展试点，2017年全面推开司法责任制等改革。以最高人民法院、最高人民检察院遴选员额法官检察官为标志，截至2017年6月，全国从近20万名法官中遴选产生12万余名员额法官，从约15万名检察官中遴选产生8.7万余名员额检察官，三类司法人员各归其位、各司其职的格局基本形成。实行司法责任制以后，法官检察官办案积极性普遍提高，工作责任心明显增强，符合司法规律的体制机制正逐步形成，司法质量、效率和公信力持续提升，人民群众对公平正义的获得感不断增强。司法责任制改革的成效充分证明，党中央关于深化司法体制改革的重大部署和总体思路是完全正确的，对完善司法责任制所确定的改革方向、提出的改革政策是科学合理、切实可行的，得到广大司法人员、人民群众的大力支持和社会各界的充分肯定，为我们进一步深化司法体制改革坚定了决心、增添了信心。

习近平新时代中国特色社会主义思想对"坚持全面依法治国"作出系统阐述和战略部署，明确要求"深化司法体制改革"。完善司法责任制是中央部署的司法体制改革主体框架的重要基石，是决定司法体制改革成败的关键环节。当前，司法责任制改革正处于全面推开、爬坡过坎的攻坚阶段。党的十九大报告关于"全面落实司法责任制"的要求，是深入推进司法体制改革的重大部署，是坚持一张蓝图绘到底，将党的十八大以来中央确定的司法体制改革部署落地见效、全面决胜的集结号和动员令。我们要遵照习近平总书记关于"坚定不移将改革进行到底"的重要指示，进一步把思想和行动统一到中央关于深化司法体制改革的决策部署上来，站在更高起点谋划和推进改革，在综合配套、整体推进、基层见效上下功夫，持续发力强化改革举措、巩固改革成果，做到权力到位、责任到人、监督有效、保障有力，健全人民法院、人民检察院依法独立公正行使审判权、检察权制度。

2. 全面落实司法责任制，建设正规化专业化职业化司法队伍

习近平总书记主持召开中央全面深化改革领导小组第三十八次会议审议通过了《关于加强法官检察官正规化专业化职业化建设全面落实司法责任制的意见》，为全面落实司法责任制指明了前进方向、提供了根本遵循。徒法不足以自行。司法的公正、廉洁和高效，离不开高素质的法官检察官队伍。全面落实司法责任制应该坚持素质与职责相匹配、权力与制约相统一、责任与保障相适应的原则，构建科学完备的制度体系，建设一支正规化、专业化、职业化的法官检察官队伍。

加强法官检察官队伍正规化建设是全面落实司法责任制的基础。没有正

规化，全面落实司法责任制就可能步入歧途。正规化就是对法官检察官培养教育、司法权运行机制、法官检察官职业保障等作出基础性制度安排。要完善法官检察官政治轮训制度，探索建立政治督察制度，打牢高举旗帜、忠诚使命的思想基础，切实增强政治意识、大局意识、核心意识、看齐意识。加强社会主义核心价值观教育，健全法官检察官职业行为规范，完善职业道德评价机制。建立健全法官检察官统一职业培训和入职晋级宣誓制度。推动法官检察官员额管理的规范化、科学化，完善法官检察官逐级遴选和从律师、法学专家中遴选制度，形成常态化的法官检察官遴选机制。完善法官检察官利益回避制度，加强纪律规矩经常性教育，引导法官检察官养成纪律自觉。建立健全与司法办案新机制相适应的权力监督制约体系，增强多元监督合力，规范司法权依法公正运行，以零容忍态度惩治司法腐败。

加强法官检察官队伍专业化建设是全面落实司法责任制的关键。没有专业化，全面落实司法责任制就难以落地生效。专业化就是遵循司法规律，根据司法职业特点，健全遴选优秀人才、明确权责清单、再造办案流程、追究错案责任的司法机制。员额制是实现法官检察官队伍专业化的基础制度，是落实司法责任制的前提。要合理控制法官检察官员额比例，建立员额统筹管理、动态调整机制。严格遴选法官检察官的标准和程序，在坚持政治标准的基础上，突出对办案能力、司法业绩、职业操守等专业素养的考察，由遴选委员会对入额候选人的专业能力进行把关。确立法官检察官的办案主体地位，完善入额领导干部办案机制。法院实行独任法官或者合议庭办案责任制，检察院实行检察官办案责任制。规范权责配置，建立权力清单和履职指引制度，明确应当由院长、检察长以及审判委员会、检察委员会决定的重大事项，可以由法官检察官决定的事项，并分别规定相应责任。按照扁平化、专业化要求，根据精简、务实、效能原则，整合法院检察院内设机构。健全符合司法职业特点的业绩考核评价机制，完善考评标准，压实司法责任。依托现代信息技术，健全司法权、司法管理权、司法监督权的实时监管、全程留痕、有效监督、相互制约机制。加强对类案适用法律的监督与指导，完善法官检察官自由裁量权的约束机制。实行法官检察官惩戒制度，健全以错案评鉴为核心的司法责任认定和追究机制，由惩戒委员会审查认定法官检察官是否构成错案责任，为法院检察院的惩戒决定提供专业依据。

加强法官检察官队伍职业化建设是全面落实司法责任制的保障。没有职业化，全面落实司法责任制就可能流于形式。严格的司法责任如果没有相应的职业保障为依托，就难以保证优秀司法人才稳定在司法一线。职业化就是健全与司法特点相适应的法官检察官职业保障体系。要为法官检察官开辟新的职业发展通道，法官检察官等级与行政职级脱钩，实行法官检察官单独职务序列管理，保证一线办案人员择优选升高级法官检察官。实行与法官检察官单独职务序列配套的工资制度，确保法官检察官的工资水平高于当地其他公务员，并建立收入合理增长机制。创造良好司法环境，保障法官检察官依法履职。任何单位或者个人不得要求法官检察官从事超出法定职责范围的事务。法官检察官应当拒绝任何单位或者个人违反法定职责或者法定程序、有碍司法公正的要求。对干扰阻碍司法活动，威胁、报复陷害、侮辱诽谤、暴力伤害法官检察官及其近亲属的行为，依法从严惩处。推进省以下地方法院、检察院人财物统一管理。①

二、司法人员分类管理改革评述

司法人员分类管理的主要改革内容是最为公众所熟知的员额制，鉴于检察机关的员额制和审判机关的员额制大致相同，笔者在此就暂以法院为例分析员额制改革。

---

① 姜伟：《全面落实司法责任制》，共产党员网，最后访问时间 2023 年 11 月 27 日，http: // news. 12371. cn/2017/12/16/ARTI1513397709185341. shtml。

司法人员分类管理或员额制的大致思路是比照国外"法官+法官助理"的模式，将我国法院工作人员分为三类：负责审判的法官、辅助审判的法官助理以及行政工作人员。按照员额制的要求，只有三分之一的法院工作人员可以进入法官员额，进入员额成为从事审判工作的法官被称为"入额"。入额后的司法人员在行政级别和收入上都优于未入额司法人员，改革者希望借此吸引优秀司法人员向审判业务岗位集中。

员额制的初衷非常好，希望借司法人员分类管理提高审判效率，将最好的司法资源集中于审判业务岗位。在轰轰烈烈的员额制改革中，各地法院齐上阵，各级法院齐动手，无不严格执行最高人民法院改革部署，大力推进司法人员分类管理改革。作为试点地区的上海法院系统严把进入关，严格将员额制比例控制在31%，其他地区的法院也逐步推进，都努力将员额比例控制在三分之一以下，员额制改革在全国法院基本完成。那么，员额制改革"提高审判效率解决案多人少"的初衷是否实现了呢？

根据各方面的情况反映及实际调研，在个别地区人少案多的情况依然严峻，有些地区的法院由于案件太多而入额法官不足，所以未入额的法官助理也一样要办案。员额制是否提高了办案效率也有待确证，唯一没有争议的是通过员额制确实提高了审判岗位司法人员的工资待遇，由此提高了审判人员的积极性，确立了审判人员在法院内部的优先地位。那么，我国员额制改革在实施过程中遇到了哪些实际困难？

编制，是颇有中国特色的事物，也是员额制改革难以逾越的障碍。员额制的初衷是仿照国外审判结构，即一名法官和几名法官助理组成一个审判组。法官需要有几名法官助理协助其审理案件，就意味着法官助理的数量应是法官的数倍，也就意味着法院要拿出大量的编制去录用法官助理。如果这些法官助理都是公务员身份就意味着法院的编制必然激增，如此众多的编制需求，各级法院的同级编制办是绝不可能批准的。而我国的法院又缺乏国外法院的灵活性，不能随便雇佣法院工作人员或法官助理。所以员额制的审判法官虽然就位，但数量众多的法官助理却往往解决不了，这样一来，一名法官数名法官助理这种组合的优势无法发挥，审判效率自然也就没有太大的提高。一方面，审判效率并未提高或并未大幅提高；另一方面，直接从事审判工作的法官数量又减少了，就出现了法官助理也要独立办案才能处理全部案件的情况。不仅如此，目前一些法院以调代裁的情况非常常见，赞同者认为调解建立在双方和解的基础上，极大地提高了审判效率，减轻了审判法官的办案压力，同时由于调解是在双方当事人意思自治的情况下达成的，充分尊重了当事人的诉权，还解决了当事人不服裁定和判决的问题（因为调解书签收后不允许上诉）。反对者则认为，所谓的建立在当事人双方自愿基础上的调解，实际上仍然具有法官的强制力，双方当事人或者至少一方当事人是在法官的压力下接受调解的。他们认为这种调解，潜在的好处只在于使法官避免作出判决或裁定，这样法官不用连篇累牍地书写裁判，更重要的是由于不用作出裁判而逃避了司法责任，不用对案件负责。既不用担心当事人上诉，也不会担心日后出现错误判决和裁定被追究司法责任。以调解结案的方式化解矛盾提高审判效率节约司法资源是非常好的尝试，但不能被人钻了空子为推卸司法责任而滥用，否则这种行为往小了说是耍小聪明不负责任，往大了说就是玩忽职守甚至渎职。很显然，员额制的初衷绝不是纵容法官玩忽职守和渎职行为，但是沉重的案件压力和严格的司法责任，在实践中却真的可能带来意想不到的副产品。好的目的和措施有时并不一定能够收获好的结果，历史上的王安石变法已经深刻地证明了这个道理，这同样也是员额制改革应当注意的一个问题。

综上，员额制改革由于法官助理数量不足，可能没有完全达到预期的改革效果。而法官助理数量的不足可能是机械僵化的编制问题造成的，员额制改革推进不畅可能带来的消极副产品是以调解代替必要的审判，应当引进重视。

三、司法人员职业保障评述

司法人员职业保障改革立足于提高司法工作人员生活质量和薪资待遇，奉行的是高薪养廉思路。法官不是圣人，和每个人都一样，是活生生的普通人，也有为自己和家人争取更优越生活的需求。高薪是否能够养廉不得而知，也未见到相关的实证研究数据，但是高薪至少可以使很大一部分法官不必为相对优越的生活而奔波，也就从物质方面保障了法官不必承担风险收受贿赂枉法裁判。由于法官负责案件的处理，实际上承担着大量社会资源的分配责任。当自己处理着涉案金额百万元千万元的案件，而同时自己的薪金收入却无法和在企业工作的同龄人相比，人会产生心理落差是难免的。哪怕是从尊重知识的角度，法官作为专业人才，受过长期司法训练，拥有丰富的司法经验，显然应当受到和其他拥有专业知识的技术人员相同的尊重并享有相同的待遇。因此，即便是从这个角度上讲，也应当提高法官的薪酬待遇，增加各种物质保障。

本次司法人员职业保障改革明显提高了进入员额的法官的待遇，薪金向一线办案法官大幅度倾斜，这就形成了法院内部良好的工作机制。从前法院各部门工作人员薪金待遇相同，由于办案辛苦责任又大，所以很多人不愿意在一线办案。实行员额制之后，入额法官待遇和收入明显超过未入额法官，因此法院工作人员无论是从荣誉上还是物质上都愿意进入员额到一线审理案件，法院内部形成了朝气蓬勃积极向上的新局面。

司法人员职业保障不仅在于薪酬和物质，也在于安全方面，即安全保障。近些年发生的一系列伤害法官的案件，为我们敲响了警钟。法官身处裁判者的位置，直接处理社会矛盾，其人身安全必须得到保障。如果不能有效地保障法官的安全，那么将使法官不敢处理社会矛盾或不愿处理社会矛盾，司法权威也将荡然无存。因此，法官安全保障也是法官职业保障的应有之意。这方面全国法院都有所加强,如法院入口普遍增加了安检仪,法警也接受了进一步的训练。这些措施,都为保障法官的职业安全提供了良好的帮助。

四、人财物的省级统管改革评述

人财物的省级统管改革可能是最难推进的一项改革。人财物省级统管改革的初衷是排除地方行政机关的干扰,保证各级法院的独立审判,这样的想法虽好,但想要完全隔绝同级行政机关的影响恐怕很难。笔者在调研过程中有过交流的法院系统领导很多都私下承认,人财物省级统管是最难推进的,这是怎么回事呢?

1. "人"的方面

其一,依照目前公务员体制,各级法院工作人员的编制均由同级编制部门决定,法院增加一个编制都要经过同级编制部门批准。不仅如此,由于法院和检察院的特殊宪法地位,每一名助理审判员以上的法官(正式审判人员)的任免都要由同级人民代表大会作出,这从宪法和法官组织法上就不可能脱离同级立法机关。

其二,地方各级人大作为地方立法机关受地方党委的组织领导。各级法院院长、副院长的领导职务由同级党委决定,向同级人大提出,而同级人民政府的首脑必然兼任同级党委副书记,其政治地位位列同级党委第二。在地方党委向同级人大推荐院长、副院长甚至业务庭长和普通审判员人选时,作为党委副书记的同级人民政府首脑(县长、区长、市长)有权发表意见,这种意见对法院领导的影响不容小觑。不仅在审判机关领导人选的决定上如此,在地方机关相互关系上也是如此,不仅各级党委领导同级法院,而且法院还要接受同级党委下设的政法委员会的直接领导。由于政法委书记一职往往由同级人民政府的公安厅(局)长兼任,这样一来,各级法院院长在党内不仅要受同级人民政府首脑以党委副书记身份的领导,而且还可能要受同级人民政府下属职能部门公安机关负责人以政法委书记身份的直接领导。虽然从法律规定的地位和级别上，法院院长仅次于同级人民政府的首脑，但实际上其政治地位连同级人民政府下属的公安机关负责人都无法相比，遑论同级行政机关首脑。依照我国宪法规定，我国的执政党对立法、司法和行政机关实施组织领导，故而同级党委和党委下属的政法委员会对各级法院的领导符合宪法规定，各级法院也必须服从。由于同级人民政府首脑兼任同级党委副书记，而同级人民政府的公安局长往往兼任同级党委下属的政法委书记，就使地方行政机关对法院的影响力可以通过另一种形式存在。在同级人民政府首脑兼任同级党委的党委书记时，行政机关对法院的影响则可能更大。因此，设想各级法院通过"人"的省级统管完全摆脱地方行政机关的影响似乎是不大可能实现的。不过，近年来中国进行了卓有成效的反腐，行政机关领导直接或间接干涉司法机关办案的情况已经非常少见，随着各级行政官员的廉洁程度不断提高，自觉回避有关司法案件的良好风气会逐步形成惯例。

其三，在前文分析司法人员分类管理改革时，笔者强调大幅增加法官助理数量，即为审判法官配备充足合理的法官助理是这一改革成功的关键。但由于各地法院的编制有限，为预防公务员队伍的不合理膨胀，各级人事厅（局）编制部门必然对法院工作人员的人数加以控制，法官助理的编制肯定不是法院一家能够决定的。所以，在法官助理的编制层面，法院也很难摆脱地方行政机关的羁绊。

其四，相对可行的"人"的省级统管恐怕更多的是指省高级人民法院对中级人民法院和基层人民法院的人员内部管理。加强对中级人民法院和基层人民法院的人员内部管理提升了省高级人民法院的权威，相应地也加强了最高人民法院和省高级人民法院对各级法院的"领导"。在我国，上级法院对下级法院在司法行政工作上的领导是客观存在的，"人"的省级统管客观上也加强这种领导。但是，我国法律规定"法院独立行使审判权"，这就意味着上级法院对下级法院的审判活动只能指导不能领导。所以，这种省高级人民法院对中级人民法院和基层人民法院的人员内部管理在法理上可能不太说得通，容易引发争议。这可能也是这项改革不再被经常提起的原因。

2."财"的方面

依照目前公务员体制，各级法院的经费由同级财政拨付，法院工作人员的工资也由同级财政拨付。财政部门是同级人民政府（行政机关）的一个职能部门，各地方财政厅（局）都是待遇极好权力极大的行政职能机关。笔者曾有幸在省高级人民法院工作，因此对各省级职能机关的权威有一定的了解。当时反贪部门和反渎职侵权部门还未从检察院转隶到监察委员会，因此那时的检察机关是非常有权威的机关。从理论上说，检察机关有权对各行政职能机关的国家工作人员实施法律监督，甚至在必要时进行刑事侦查。就是这么有权威的检察机关，到财政部门去办事，也要恭恭敬敬客客气气，据说有时可以被晾在那里几个小时。如此强势的财政部门，连有权对其工作人员实施法律监督甚至刑事侦查的检察机关都敢怠慢，没有太多权力制约财政部门的法院又怎么可能给财政机关添太多麻烦呢？"财"的省级统管要求地（市）县两级财政将拨付给中级人民法院和基层人民法院两级法院的财政经费和司法工作人员工资奖金统一交由省级财政厅（局）拨付省高级人民法院。对此，某省财政厅的同志表示：这极大地增加了他们的工作量和工作强度，随着"财"的省级统管，原来一个处几名同志就可以完成的工作，现在要由十几名工作人员完成，仅仅针对省高级人民法院一个单位就投入这么多人力，那省财政厅的其他工作还做不做？最高人民法院的职权可以指导下级法院的工作，却不能指导财政部门的工作，所以财政部门提出的现实困难也就使"财"的省级统管由此在各地止步不前。

3."物"的方面

"物"的省级统管内容应当包括物资在省内各级法院之间的统一调配。

这项改革似乎实现的难度最小。这是因为，物资的购买和分配的自由程度远远优于"财"和"人"。各级财政将财政经费拨付各级法院后，购买物资的决定权即由法院自己行使，不再受各级地方行政机关的干涉。虽然存在统一的政府采购，但对法院采购物资的权力干涉和影响不大。省级法院制订全省各级法院的物资采购、调配和使用计划，可以统筹兼顾，更加高效节约。在"物"的省级统管上需要协调的主要是上下级法院之间的关系：省级统管实际上是干预了地市县区法院对"物资"的采购、支配和使用权，下级法院可能会有意见，实际上可以视为省高级人民法院集中权力的举措。但是由于上级法院对下级法院名义上的指导关系和实际上的领导关系，下级法院仍然会接受和服从。所以"物"的省级统管相较于"财"和"人"的省级统管更容易实现。

综上所述，基于法院系统内部调配的改革能够进行，省级法院的权力得到加强，最高人民法院的权力也相应得以加强。而基于法院和其他职能机关的外部关系协调的改革则很难推进，目前陷于停滞。因此，人财物省级统管的改革在大部分地区推进不畅，在很短的时间内便陷于搁浅。

五、小结

古今中外力图解决错案问题的历次司法改革，其着力点不外乎两点：一是制度，二是人。设计良好的制度是避免错案发生的主要方法，但并不是唯一方法。再好的制度也需要由人来执行，因此，提高司法人员主体素质一直都是避免错案发生的另一个必要手段。员额制司法改革的目的似乎不外乎八个字："高薪养廉，权责统一。""高薪养廉"说的是提高法官的待遇，让法官正常工作所获得的薪酬足以使其和家人过上比较优越的生活。这样，法官就不至于贪赃枉法，为了获利而枉法裁判出入人罪。在提高法官待遇的同时，还要增加法官的责任。法官审理案件要终身负责，不是审完了就从此与自己无关。如果审错了案件，哪怕退休，也依然要追究责任。一手硬，一手软，既在整体上提升了法官的待遇，又将每一个法官同其审理的案件紧密关联，这也就是所谓的有权必有责。围绕这两点，再进行配套制度设计：通过设立法官工作小组，设置法官助理提升法官办案效率；同时，加强上级法院对下级法院的领导，以此排除同级地方行政机关对法院工作的干扰。提高法官待遇就是司法人员职业保障改革，要求法官对所办案件负责就是司法责任制改革，设立法官工作小组就是司法人员分类管理改革，而加强上级法院对下级法院的领导就是人财物省级统一管理改革。最高人民法院希望通过员额制改革从人的方面提高司法主体素质，加大司法主体责任，保障司法主体效率，增强司法主体领导。我们认为这样的司法改革目的是合理的，也是符合中国国情的。

第五章 上海试点实践的观察分析

员额制司法改革是党的十八大以来推进的一系列司法改革的统称，是我国提高司法效率的有益尝试，体现了我国的道路自信、理论自信、制度自信、文化自信。在前一章笔者对员额制司法改革在全国的开展进行了整体分析，本章准备以上海地区为例对员额制司法改革进行个别阐述，梳理上海司法改革的相关理论问题，对上海司法改革过程中的经验进行总结。

第一节 上海司法改革研究综述

自 2014 年 6 月司法改革上海试点方案得到中央全面深化改革领导小组审议通过以来，包括李林、季卫东、冀祥德、郝洪、杨力等学者从不同的角度对上海司法改革的相关问题进行了研究，梳理了上海司法改革的相关理论问题，对上海司法改革过程中的经验进行了一定的总结。根据他们的研究，本节对上海司法改革进行简要分析。

一、对司法改革上海试点方案的整体解读

作为中央批准的第一个地方司法改革方案，各方都对该方案充满了期待。在司法改革的实践尚未展开之前，研究的对象主要集中在对司法改革中上海试点方案的解读、评价上。

司法改革的上海方案主要包括五个方面的内容，即人员分类管理、审判权力运行机制、职业保障制度、省以下法官统一管理体制、省以下法院经费由省级统一管理机制①。

1. 人员分类管理

在人员分类管理方面，上海的司法改革方案将法院工作人员划分为三类职务序列，即法官、审判辅助人员、司法行政人员，并实行员额制管理。将审判辅助人员定义为：协助法官履行审判职责的专门工作人员，包括法官助理、书记员、司法技术人员、司法警察等。由于法官助理有于法无据之嫌，所以也特别引人关注。上海司法改革方案将法官助理定义为经所在法院院长任命、协助法官履行审判职能的人员，并明确了其任职资格，即具有公务员身份，应具备法律职业资格。规定了法官助理的基本职责：在法官指导下审查诉讼材料、组织庭前证据交换、接待诉讼参与人、准备与案件审理相关的参考资料、协助法官调查取证、保全执行、进行调解、草拟法律文书、完成法官交办的其他审判辅助性工作，以及与审判相关的调研、督查、考核、宣传等工作。对法官助理进行了定岗：应当在审判业务部门或综合管理部门相应岗位履行职责。将司法行政人员定义为：从事法院办公后勤、人事监察、党务宣传等行政管理和保障事务的人员，具有公务员身份。

人员分类管理是为了实现员额制，上海司法改革方案设定的员额比例

---

① 人民网："上海市高级人民法院司法体制改革试点工作实施方案出炉"，最后访问时间 2019 年 11 月 18 日，http://legal.people.com.cn/n/2014/0731/c188502-25380333.html。

是：法官占比 33%、审判辅助人员占比 52%、司法行政人员占比 15%（审判辅助人员中法官助理、书记员、司法警察比例分别暂定为 26%、16%、10% 左右），并允许三级法院根据实际情况的不同，对比例进行小范围调整，此外还设计了 5 年的过渡期，以 2013 年 12 月 31 日为节点，之前进入司法系统的在编人员按照"老人老办法"原则实行人员分类定岗和等级套改；之后进入的人员按"新人新政策"原则执行。

在法官的选任方面，设计了从下级法院向上级法院遴选以及公开从具有法律职业资格的法律学者等法律职业人员中选任或调任法官的选拔方式。

2. 审判权力运行机制

审判权力运行机制方面改革的核心内容有如下几点：第一，规范裁判文书签发机制，院长、庭长不得对未参加审理的案件的裁判文书进行签发。第二，限缩了审判委员会讨论案件的范围，减少审判委员会讨论案件数量。要求除法律规定的情形和涉及国家外交、安全和社会稳定的重大复杂案件外，审判委员会主要讨论案件的法律适用问题。审判委员会以往的部分讨论案件职能则代之以审判长联席会议（主审法官联席会议），规定了主审法官对于案件审理中发现的重要法律适用问题或者其他重大疑难复杂问题，可以提请召开审判长联席会议（主审法官联席会议）讨论，讨论意见不具有强制主审法官接受的效力，而仅供主审法官、合议庭裁判时参考。

3. 职业保障制度

上海司法改革试点方案在法官的职业保障方面，主要是按照人员分类，分别建立单独的薪酬体系。例如，针对法官序列人员，就按照法官法所规定的法官等级，建立与之相对应的薪酬体系。

4. 省以下法官统一管理体制

法官的人事任免是司法改革中十分重要的一环。上海改革在此方面的具体方案，主要是建立上海市法官、检察官遴选（惩戒）委员会，由市纪委、市委组织部、市人大常委会、市公务员局、市高级法院、市检察院分管领导和审判业务专家、律师代表、法学学者代表共同组成。各级法院及其工作部门或者内设机构领导成员以及基层法院班子成员由高院党组统一提名。全市法院其他法官的法律职务由高院党组根据市法官、检察官遴选（惩戒）委员会提供的建议名单统一提名，并由各级法院院长按照法定程序提请同级人大常委会依法任免。

5. 省以下法院经费由省级统一管理机制

在这一方面，主要是将上海市各级法院预算、经费以及资产管理上提至市一级，进行统一管理。

二、对司法改革上海试点方案的评价

对司法改革的"上海方案"，学界普遍认为其体现了中央顶层设计与地方实践特性相结合的特点，以"去行政化"和"去地方化"为两大目标，一方面贯彻了中央关于司法改革的精神，另一方面也较充分地考虑了上海的司法实践情况[1][2]。对司法改革的"上海方案"各项具体措施的评价，有如下几个方面：

1. 司法改革的"上海方案"有助于实现法官进一步的专业化

"上海方案"对人员进行了分类，意在将法官从烦琐的事务性工作中解放出来，将时间、精力尽可能地投入审判工作中。将人员划分为法官、审判辅助人员、司法行政人员，旨在"去行政化"，改变法院审判工作内嵌于法院行政系统之中的弊端，实现法院行政管理工作以法院审判工作为中心运转、为法院审判工作需要而存在，而不是法院审判工作以法院行政管理为导向、

---

① 冀祥德、邓超：《司法改革"上海方案"价值评析》，《政法论丛》2014 年第 6 期 66 页。
② 杨力：《中国司法体制改革的重大现实命题——司法体制改革试点的上海样本研究》，《中国社会科学评价》2016 年第 1 期 54 页。

需要不断适应行政管理的变化。例如，法院承担的许多非审判业务性质的工作，应当交由法院行政管理部分的工作人员完成。同时，利用审判辅助人员，将法官从大量烦琐的事务性工作中解放出来。邹碧华法官曾经举例，法律文书的打字十分花费法官的时间，这样的工作应当交由书记员完成，甚至可以外包完成。

另外，设计了上级法院从下级法院向上遴选以及公开从具有法律职业资格的法律学者等法律职业人员中选任或调任法官的选拔方式。上级法院的法官从下级法院遴选，旨在促进法院法官的专业化，使富有审判经验的法官能够充实到上级法院的审判岗位中，如此一定程度上也可以保证法律的统一适用，同时使富有审判经验的法官能够有一个可期待的上升通道，防止优秀审判力量的流失。公开从具有法律职业资格的法律学者等法律职业人员中选任或调任法官的选拔方式，也是旨在促进法官的专业化。

2. 司法改革的"上海方案"有助于实现"让审理者裁判，让裁判者负责"的改革精神

审判权力运行机制方面的改革前文已述，主要是在一定程度上，希望避免不直接审理案件的人员决定案件的裁判的情形发生。一定程度上也在努力将审判权赋予审理案件的法官，避免案件审理上的"行政化"。同时又代之以审判长联席会议（主审法官联席会议），则充分考虑到了法官个人能力的限度，试图通过审判长联席会议保证裁判的质量；同时也考虑到了审判委员会作为一种缓冲阀、保护网的作用。

3. 司法改革的"上海方案"有助于实现法官的任职保障

"上海方案"建立了单独的法官薪酬体系，使法官的薪酬能与其担负的社会责任以及劳动量相统一。这有助于防止法官队伍的人才流失，保障法官队伍的结构稳定，在一定程度上保证法官的廉洁性。下文涉及的司法"去地方化"，也是实现法官任职保障的重要措施。

4. 司法改革的"上海方案"有助于实现"去地方化"

"上海方案"的"去地方化"主要体现在两个方面,即对人事、财政的省级统管。各级法院及其工作部门或者内设机构领导成员,以及基层法院班子成员由高院党组统一提名。全市法院其他法官的法律职务由高院党组根据市法官、检察官遴选(惩戒)委员会提供的建议名单统一提名。上海市各级法院预算、经费以及资产管理上提至市一级,进行统一管理。法院人事任免以及财政管理的上提,使各级法院相对的超脱于地方,有利于避免司法受到地方利益的左右,一定程度上摆脱其他组织、单位和个人的干扰,有利于实现"法院依法独立行使审判权"。

三、对上海司法改革实践经验的总结与展望

(一)对上海司法改革实践的总结

上海司法改革试点已经进行了七年,鉴于获取实践数据的难度,目前学界对上海司法改革实践情况的研究略显不足,依据现有材料简要阐述如下:

1. 人员分类工作已经完成

"上海试点设计了'岗额适配'的定岗、入额和遴选机制,建立了法官动态管理和员额退出机制。一方面,在入额上采取'分类定岗'。以公平公正、差额择优和分期分批为原则,设定入额门槛,以序列征询为起点,公开岗位职责,让司法人员结合个人意愿、能力与岗位职责的匹配度加以自主选择,且对入额后的履责和退出一并作出承诺;同时视不同情况,通过认定考核、入额考试(省级统一命题笔试、各法院分别面试和推荐)两种路径,提经市法官遴选(惩戒)委员会确认或遴选后,最终完成分类定岗。根据首批入额的情况,将已入额法官的比例控制在27%左右,做到既选出优秀法官,又兼顾历史和现有法官实际,保持队伍平稳过渡,同时为今后法官助理的入额留有余地。另一方面,入额后又实行'动态管理'。已相应制定了试行的

考核办法，强调对入额法官进行年度性的常态考核，对不合格的法官予以调整和退出员额，打破了入额终身制。这一举措得到了上海地方职能部门的支持。目前，上海已建立起与法官单独职务序列配套的薪酬制度，将法官薪酬与法官等级挂钩，以原有年度薪酬为标准平均上浮43%。该方案已报中央政法委批复同意，进入方案细化实施阶段。"[1]

2. 审判权运行机制的改革有了很大进展

首先，裁判文书不再由庭长、院长签署核发，而是由独任法官或者合议庭共同签署核发。至少从形式上，就裁判结果的形成，减少了审判活动的行政化管理、行政化干预。

其次，上海法院在司法改革中，基本上给每位法官配置了一到两名的法官助理，并明确划定了法官助理的职责权限，保证了法官办案得到有力的协助，努力将法官从烦琐的事务性工作中解放出来，也很好地培养了审判工作的后备力量。

最后，约束院长、庭长、审委会指导案件的权力，要求院长、庭长不得强令独任法官或者合议庭改变审理结论。将审判委员会逐渐转变为复杂、重大案件的审理组织，限缩了审委会有权决定裁判结果的案件的范围。"前期试点法院提交审委会讨论案件的比例已降低至0.1%。"[2]

3. 省以下司法机关人财物统一管理机制初见端倪

上海市全市法院法官的法律职务均由高院党组根据市法官遴选（惩戒）委员会提供的建议名单统一提名，市法官遴选（惩戒）委员会已经进行了第一批法官选任推荐。上海市各级法院预算、经费以及资产管理上提至市一级，进行统一管理。

①②　杨力：《中国司法体制改革的重大现实命题——司法体制改革试点的上海样本研究》，《中国社会科学评价》2016年第1期。

4. 建立了跨行政区域的法院

上海市设立了第三中级人民法院，作为审理跨行政区划的行政诉讼案件的法院。

5. 在司法公开与防止司法腐败上有较大进展

与上述四点相比，这两个变化并未涉及很大的制度改进，如果将制度改革称作"硬件变化"的话，那么这两个变化则是"软件改进"。上海市各级法院，对于案件的全过程，尤其是关键节点，做到了可视化的公开，对此律师满意程度较高。另外，严格减刑、假释、保外就医的适用，力图遏制司法腐败。

整体而言，上海司法改革，在贯彻中央司法改革精神的前提下，很好地结合了上海当地的司法实践情况，稳健地推进了改革试点工作。

（二）对上海司法改革实践的展望

学界认为，上海司法改革值得借鉴的地方在于：第一，对于员额比例的分配，应当结合各地区以及各层级法院的实际情况合理划分，切忌一刀切的机械式划分。第二，合理划分人员的类属，将真正从事审判业务的精干力量划入法官员额类，妥善、耐心地安排入额、定岗，防止出现工作的断档、震动。第三，区分新旧人员，采取新人新办法、老人老办法的方式，预估足够的时间，稳步推进改革工作，防止人员剧烈流动、人才流失，以免妨碍司法工作的正常进行。第四，明确各权力主体行使权力的范围，做到职责明晰，从而有效遏制越权、擅权的行为，同时遏制消极渎职的行为，进而明确责任的归属，为追责制度的构建打下良好的基础。

学界认为，进一步的司法改革，仍有下述难点，需要进一步推进：

第一，人员的分类管理上，人员分类比例的确定是根据案件量、办案所需时间等众多实际因素测算出来的。所以，关键点在于实际情况。一刀切地进行员额划分，可能会出现改革方案的水土不服。所以，员额比例应当根据科学的测算方法，合理得出比例值。

第二，将案件审判工作全部分配给法官，导致了法官工作量的进一步增加，可能引发审判力量的流失，这需要审判辅助人员的配备到位。同时法官助理的设计于成文法无据，其职责的模糊性导致其工作量的不确定，往往成为万能选手，需要完成各种各样的事务性工作，同时还要辅助法官审理案件。其未来上升的通道不具有明确的期待性，不利于法官助理队伍的稳定与人才的延揽。员额制的目的不是让法官完成所有的工作，而是将法官从事务性的工作、非审判性的工作中解放出来。因此，为法官助理提供明确的可期待的职业愿景，是完成法官"解放"、保持法院审判队伍稳定性的重要措施。

第三，上海司法改革过程中，法官人才流失情况较为严重，需要采取措施保持法官队伍的稳定性。同时，由于大陆法系法律职业的非同构性，导致从法律专家、律师中选任法官十分困难，这就需要具有实效性的培训机制，以辅助选任、调任的法律专家、律师。

第四，法官遴选（惩戒）委员会的功能有限，只能对初任法官进行建议，并无长期的评估机制，容易流于形式。应当建成一个相对中立、具有数据收集权限和长期工作能力的法官遴选机构。

第五，司法的"去地方化"，虽然已有人财物管理上移的制度保障，但是目前的制度设计尚未得到实践的充分检验，在理论上摆脱地方化利益掣肘的可行性在实践中是否同样可行，依然不无疑问。中国的一切问题都离不开党的组织。期待司法的"去地方化"，还需要各级党委形成全国一盘棋的意识，为司法部门提供依法独立行使法定权力的空间。

第六，跨行政区域的法院设计仍然可以进一步推进，目前的法院司法区域设计仍然以行政区划为基础，下一步可以设计脱离行政区划的司法区域。

第七，党委的人事任免权力，与法官选任机制的关系，还需进一步厘清。

第八，司法权力的相对超脱，意味着司法腐败的风险上升。对审委会、院长、庭长管批案件的限制也意味着对法官个人滥用司法裁量权限制的降低。如何监督审判机关以及法官，仍需进一步研究。

第二节　上海检察系统的司法改革

上一节笔者对上海司法改革进行了一系列概括性阐述，这些描述往往以法院系统为范例，在本节中拟以检察系统为视角对上海司法改革进行具体描述，希望这样的多视角研究能够使分析更加全面和深入。

一、改革的政策文件和整体部署

2014 年司法体制改革试点启动以来，上海检察机关根据中央的改革精神，按照市委和高检院的部署要求，牢牢抓住完善司法责任制这个"牛鼻子"，紧扣"选人、授权、明责"三个重点环节，以解决影响司法质量、效率和公信力的深层次问题为目标，着力构建"能办案、敢办案、办好案"的工作机制，不断推动司法责任制改革落地见效。继 2014 年 6 月，中央全面深化改革领导小组第三次会议审议通过了《上海市司法改革试点工作方案》后，上海市司法改革试点推进小组在第二次全体会议上原则通过了《上海检察改革试点工作实施方案》，作为上海市检察系统司法改革的政策性文件和整体部署。

2014 年 7 月，根据中央部署，上海选择该市检察院第二分院及徐汇区、闵行区、宝山区检察院共 4 个单位，开展了司法体制改革先行试点，初步形成了一批可复制、可推广的经验。上海市检察院在全面推进改革试点中，大力推进司法人员分类管理改革，在两个月的时间内完成了定岗分类。严格控制员额使用，为检察官助理预留空间，严格按照"一线办案部门重点配置、二线办案部门适度配置、辅助部门零星配置、司法行政部门不再配置"的原则，切实落实好人员分类管理工作，真正把能办案的骨干稳定在办案一线、充实到办案一线。

根据安排，上海试点改革主要涉及完善司法人员分类管理制度，健全法官、检察官及司法辅助人员职业保障制度，完善司法责任制，探索建立省以下法院、检察院法官、检察官省级统一管理体制，探索建立省以下法院、检察院经费省级统一管理机制五项内容。

有关检察系统司法改革的具体方案如下：①建立员额制，各类司法人员的比例为检察官占比 33%、司法辅助人员占比 52%、行政管理人员占比 15%，用 3~5 年的过渡期，逐步推行严格的司法人员分类管理制度。②在市级组建检察官遴选、惩戒委员会。检察官主要从检察官助理中择优选任，上级机关检察官主要从下级司法机关中择优遴选，也可以从优秀的律师、法律学者等专业人才中选拔。③建立有别于一般公务员的职业保障体系，特别是细化了司法人员有条件延迟领取养老金的制度，进一步保障检察官福利。④建立统一管理全市检察院经费、资产的保障机制，保证各地办公经费、办案经费和人员收入不低于现有水平。⑤推行主任检察官办案责任制，大幅减少个案指导。以上试点方案围绕三中全会《决定》和《意见》展开，以司法去地方化、去行政化为主要方向，将对"检察院"的集权与对"检察官"的放权相结合，以"人"作为改革的突破点①。

二、改革的具体做法

1. 聚焦"能办案"，优化资源配置，打牢司法责任制的基础

上海市构建统一开放遴选平台，把好检察官入口，完善全市统一开放的

---

① 徐昕、汪小棠：《司法改革年度报告（2014）》，《政法论坛》2015 年 5 月。

检察官遴选机制，努力形成"人随案流"的员额动态平衡。2015年4月16日，上海市人大正式任命市人民检察院第二分院11位助理检察员为检察官，这是司法体制改革推进中首批次经遴选委员会审议，通过法定程序任命，正式纳入检察员员额管理的检察官。规范入额程序实行"定岗选人"，把优秀的检察官安排到办案一线，形成良好入额导向，防止"因人设岗""人岗错位"等情况发生。加强遴选统筹推动"跨院交流"，坚持"全市统筹、竞争择优"，进一步统一遴选标准和程序，打通院际壁垒。横向上引导检察官向案多院流动，纵向上引导检察官向基层院流动，2016年有6名检察官助理实现了跨院遴选入额。优化员额管理，实行"一院一策"，针对有的院案件量大但员额不够，有的院员额多但案件量不大的情况，根据各院办案量等实际实行员额管理一院一政策，通过市院统一调配员额，逐步解决院际之间检察官办案量不均衡的问题。畅通检察官交流，实现"上下流通"，逐步实现市、分院拟入额的检察官助理到基层院任职，同时建立健全检察官逐级遴选制度，组织开展上级院从下级院遴选优秀检察官工作。

构建社会公开选拔平台，拓宽检察官选拔通道，建立从社会公开录用检察官的选拔制度。2015年市检察院组织开展了首次面向社会公开选任高级检察官的工作，根据上海市高级人民法院和上海市人民检察院联合发出的公告，凡是在上海有执业经历的律师和机关、企业事业单位中从事法律工作的人员均可以参加选任。在选任资格条件上，要求备选人对象具有扎实的法学理论功底、较高的专业水平和丰富的法律实践经验，并取得A类法律职业资格证书或律师资格证书，并具有全日制大学本科以上学历，身体健康，年龄不超过45岁。公告当中还对选任对象的具体资格进行了明确，即律师应在上海执业满十年；高等院校、科研机构专家学者应具有副高级以上专业技术职称；机关、企事业单位从事法学法律工作的人员，报名选任三级高级法官或检察官，应任副处级（或相当于）职务满四年，并从事相关法学法律工作满五年；报名四级检察官或法官的人员，应当满足任主任科员（或相当于）职务满四年，并从事相关法学法律工作满五年的条件；曾获得省市级以上奖项和表彰的人员可优先考虑。在进行资格审查后，确定入选人员，根据入选人员的履历和相关业绩情况，进行资格评价①。在经过笔试、面试、政审、公示等环节后，最终从 12 名报名参选的律师、法学专家中，公开选拔了 1 名大学副教授到分院担任三级高级检察官。今年，还将从律师、法学专家中公开选拔 3 名检察官，分别安排到基层院、分院和市院任职。

构建分类分层培训平台，提高检察官素能，进一步优化检察官队伍结构。对检察人员进行分类定岗，确认遴选了第一批入额检察官。四家试点院原有检察官 585 名，占队伍总数的 57%，检察辅助人员和司法行政人员占队伍总数的 43%。改革后，首批入额检察官 308 名，占队伍总数的 30%，检察辅助人员、司法行政人员分别占队伍总数的 43%、13%。入额检察官 100% 配置在司法办案岗位，较改革前增加了 20 个百分点；全部具有本科以上学历，具有硕士或博士学历的占 39%，较改革前上升了 22 个百分点；平均年龄为 44.7岁；平均司法工作年限为 19.1 年。经过近两年来的实践，首批入额检察官交出了一张令人满意的答卷：全市检察机关公诉一审案件平均办案时间减少2.1 天；自侦部门办案效率提高 18%；检察官人均受理公诉案件数上升 50%。优秀的办案成绩彰显了员额制改革的强大生命力，但这并不意味着没有问题。以闵行区检察院员额改革进程为例，2016 年 7 月，虽然全院共有 93 名入额检察官，但员额比例却与实践需求存在一定脱节，公诉、侦监等一线刑检部门只占 32%，而刑事执行检察室、社区检察室等二线部门却占了 42%。后经过研究调研，有关人员发现了问题的症结。改革初期都是检察官人额之后再选择岗位，由于检察官岗位责任不明，出现了因人设岗、额岗分离、岗责脱

---

① 《上海检察机关勇于担当积极作为，推动司法责任制改革落地见效》，内部资料。

离等现实问题。为了解决这一问题，闵行区检察院探索根据办案量重新测算核定检察官岗位的实行方法，制定岗位设置清单和说明书，实行"一岗一表"，列明岗位职责和办案数量等要求；改变入额方式，先确定岗位再遴选入额，形成良好的入额导向；探索建立员额再优化机制，引导检察官向一线业务部门流动，形成与办案量更加匹配的员额配置状态。这一整套组合拳打下来，基本遏制了入额检察官趋利推责的现象。目前，上海市近八成检察官配置在了基层院办案一线，主要业务部门检察官比例上升了13%。在闵行区检察院，刑检部门的检察官数量由30名增加到36名，其他业务部门的检察官则由38名下降到28名。目前，经过3轮检察官遴选，上海市共有入额检察官1556名，占队伍编制的27.78%，比两年前甚至还略有下降。检察官的办案经历与办案年限结构、经验与知识结构等发生了明显变化。同时，探索建立了与之相配套的分类分层培训体系，由传统的"套餐式全员培训"向"菜单式专题选学"与"人文素养系列讲座"相结合的全新培训模式转变。同时，注重挖掘上海高校资源优势，与华东政法大学合作举办知识产权检察人才班，与上海大学合作举办互联网金融知识专题培训班，与中欧陆家嘴国际金融研究院合作举办金融监管与司法高级研修班，加强对知识产权、金融等专业化办案检察官的培养。

2. 聚焦"敢办案"，强化权责意识，凸显司法责任制的核心

细化权力清单，让检察官真正成为办案主体。上海市司法改革的具体做法是明确检委会、检察长和检察官的职责。将检察长的职责从原来50多项减少到17项，在刑检（批捕、起诉）部门实行检察官负责制，主任检察官审批制；在法律监督部门和反贪职务犯罪预防部门实行主任检察官负责制；同时建立了司法责任制的归责制度。这些司法责任制的落实激发了检察干警的司法责任心。刑事检察由检察官独立作出决定的案件由原来的68%提高到82%，办案质量得到了保证，办案的效率明显提高。院庭长签发文书比例降

到 10% 以内，大部分的案件都由主任检察官决定，办理的案件数量大幅度提高。根据最高人民检察院《关于完善人民检察院司法责任制的若干意见》，结合上海实际先后制定更新两版上海检察机关检察官权力清单，持续向一线检察官"放权"。目前，检察官可独立决定的职权共 141 项，检察官或主任检察官决定、但需提请检察长审核的职权共 66 项。要求检察官不得将讯问、出庭支持公诉等重要办案职责委托检察官助理行使。同时，要求检察长也要办理一定数量的案件，要求入额领导办案不能停留在口头上、浮在表面上、落在签名上，"要真办，实打实，硬碰硬"。无论是办理上海首例专车司机刷单诈骗案，还是办理多起"互联网+"新类型案件，检察长们都注重分析研判新类型案件所涉及的犯罪手法、电子证据固定、定罪量刑等方面的问题，并深入挖掘案件背后存在的社会问题，提出检察建议，推动堵漏建制，为办理类似案件树立了标杆。来自上海检察院的统计数据显示，2016 年，全市检察院正副检察长办案近 1500 件，同比上升 25%，有效带动了全市司法工作质效的提升。2017 年 6 月 16 日上午，上海市第三中级人民法院公开开庭审理了一起走私案。该案案值不过 60 余万元，但却集纳了多项检察改革举措。首先，该案由上海市检察院第三分院提起公诉，这是我国第一个跨行政区划检察院，承担着"跨地区"刑事案件集中管辖的改革重任；其次，该案的公诉人是时任上海市检察院第三分院检察长陆建强，体现了入额领导直接参与办案的改革要求；最后，该案还是适用认罪认罚从宽制度案件，最终审判结果也真正落实了刑事案件认罪认罚从宽制度试点"程序从简、实体从宽"的要求。这正是上海检察司法体制改革的一个缩影：多项改革交织往来、多维探索协同进行、多重试点同步推进。从落实入额领导办案到开展刑事案件速裁程序试点，从构建检察机关司法公信力第三方评估指标体系到健全检察官绩效考核机制，上海检察机关有条不紊地完成每一项司法体制改革任务，为司法改革全面推进积累成功样本。

完善办案组织，让检察官真正担起办案责任。司法的现代化和社会的法制化要求检察官构成更加多元化、精英化，明确检察官主体地位并扩大选拔途径是提高司法质量的直接途径。构筑多层次的检察官队伍是司法工作人员质量不断完善的必备途径，是实现团队的正规化、人员来源的精英化、技术的专业化的基础。在浦东新区院等基层院试点成立以检察官姓名命名的检察官办公室，作为探索检察办案组织的具体形式。完善检察官办公室内部组织结构，确定检察官、检察官助理及书记员人员配备，在命名检察官带领下共同办案。健全检察官办公室权力运行机制，加大对命名检察官授权力度，减少业务审核层级，直接对检察长或检委会负责，真正实现扁平化管理。如浦东新区院在公诉、未检部门试点成立了施净岚等4个命名检察官办公室，充分发挥优秀检察官专长和辐射效应。"这是对我们更大限度地充分放权，也是更大限度地凸显检察官的主体地位。"施净岚接受采访时说："以前，检察机关办案需要层层审批，检察官的权力、责任都不够明晰；现在，检察官的司法独立性大大增强。作为命名检察官办公室的检察官，我除了享有其他检察官权力清单中规定的权力外，还享有追捕、追诉、扣押赃款赃物等实体及程序决定权。在办案中，我依法独立行使办案决定权，也独立承担办案责任。目前，我的办公室共受理审查起诉案件80件，其中包括职务犯罪、涉众侵财等疑难复杂案件24件，超出其他检察官同期办案的平均量。"同时，努力打造涉自贸区犯罪、金融犯罪、未成年人犯罪等领域内的专业化、精英化团队，由精英检察官组成精英团队，集中司法资源优势，最大限度提升司法效益。通过"充分放权、充分激励"，进一步突出了检察官在办案组织中的核心地位，强化了检察官司法责任，增强了检察官的荣誉感、知名度和社会公信力。通过设置主任检察官办案组、大幅下放检察权、加大内部制约和外部监督的制度建设，明确检察长、检委会、主任检察官和检察官职权，真正将办案的决定权落实到主任检察官，使检察官真正成为办案主体。

落实绩效考核，让检察官真正激发办案动力。探索建立科学有效的检察官绩效考核机制，以办案量为重要依据，以工作实绩为重点内容，全面考核检察官的工作态度、办案数量、办案质量等情况，作为对检察官进行日常管理的重要抓手。上海市检察系统实行全市检察官"统一提名，分级任免"。市检察官遴选（惩戒）委员会已由市委政法委牵头成立，市检察院则成立了检察官遴选（惩戒）工作办公室，定期组织实施检察官遴选工作，以及检察官等级评定、晋升、考核等工作。评查当事检察官所涉及的案件质量等，加大考核激励力度。按照"有纵、有横、有级差"的思路，分别从"单位、部门、个人"三个层面设置奖金分配系数，力求实现奖金分配向办案量大、整体工作优秀的院倾斜，向一线办案部门倾斜，向办案质效高的检察官倾斜。引导鼓励检察官专心专注办案，精细精准司法，进而形成全市检察官工作和业务能力统一评价的标准。同时上海市已形成检察官专业序列薪酬制度初步方案，检察官工资收入在现有收入水平基础上有一定幅度增加，检察官助理、书记员的工资水平也相应提高。同时还将细化明确检察官有条件延迟领取养老金的制度安排。稳步推进检察官薪酬制度改革，对试点检察院进入员额内的检察官收入水平，暂按高于普通公务员43%的比例安排，并向一线办案检察官倾斜。

3. 聚焦"办好案"，加强监督制约，实现司法责任制的目标

以智能化系统实现流程监控全覆盖。积极完善案件流程监控预警系统，借助统一业务应用系统"大数据"，对检察官办案过程实行全面监控、全程留痕。如奉贤区院自主研发的"检察官执法办案全程监控考核系统"，利用"大数据"梳理出36项程序性不规范风险点、56项检察权运行风险点和19项案件质量风险点，以信息化手段实现流程监控"事前预警、事中提醒、事后甄别"，获得中央政法委肯定。在全市各级院上线运行检察官司法档案管理系统，全面记录和动态反映检察官办案数量、质量、效果、职业操守、研

修成果等，科学评价检察官工作业绩和职业素养，并作为检察官等级晋升、奖惩的重要依据。强化了对办案流程的管控，运用信息化手段对检察办案的全流程、各环节进行监管，确保"全程留痕"，更进一步地将监督的触角从案件延伸到行为，创新形成了对行为监督的监控模式，要求所有的司法办案行为必须在规定场所内进行，借助自主研发的司法办案场所预约管理系统，实现了对全市司法办案场所预约、使用情况的实时掌握和统筹管理。在此基础上，通过综合管理信息平台，将全市司法办案场所的实时监控录像进行整合，每日轮询检查，查找司法办案行为中的不文明、不规范情况。2016年，上海市开展流程监控案件数达9682件，同比增长77.54%。

以专业化评查实现办案质效严把控。选任资深检察官担任专职评查员，特别是把各级院专职检委会委员作为案件评查的主体，提升案件评查的独立性、权威性和精准性。推行"15+10+专项"的案件评查模式，即对捕后不诉、诉判不一、导致国家赔偿等15类案件开展每案必评，对检察官已办结的案件按照不低于10%的比例进行随机评查，对涉及民生民利、群众关注的案件、重大疑难复杂案件、新类型犯罪案件等开展专项评查。2016年，全市各级院共评查案件8841件，发现案件质量问题118项，经通报整改后记入检察官司法档案，以此对检察官办案质量、效率进行了有效的管控。2016年，在最高检公布的公诉、侦监共8个核心数据中，上海的抗诉、纠正遗漏同案犯、立案监督等7个数据都有两位数以上的增长幅度，司法体制改革的成效初步显现。

以社会化评估实现司法公信群众评。深入推进司法公信力建设，着力构建公信力外部评估机制，坚持把群众公认度作为评价检察工作的根本尺度。将上海社会科学研究院作为第三方评测机构，初步形成《上海检察机关司法公信力第三方评估指标体系》，评价内容包括6项一级指标、17项二级指标和38项三级指标，全面客观反映上海检察机关司法办案、队伍建设、司法改革等各方面情况。充分发挥公信力评估结果的监督促进作用，把评估结果作为衡量全市检察工作发展的重要风向标，作为市院评价基层院工作成效的重要观测点，作为自我加压、改进完善检察工作的重要推进器。

三、改革取得的成效

2014 年以来，上海检察机关以落实司法责任制为核心，构建检察官"能办案、敢办案、办好案"的工作机制，改革成效初步显现。

（1）检察官办案职责更加明确，办案主体作用进一步凸显。通过分类管理和落实司法责任制，使检察官各归其类，依法履职，承担司法责任，这也是司法公信和司法权威的重要内容和标志。同时，上海探索建立了检察官单独职务序列，检察官等级与行政职级脱钩，等级由低到高分为检察官、高级检察官、大检察官 3 大类 9 个等级，按期晋升与择优选升相结合，检察官的职业发展空间更为广阔。基层院检察官工作能力突出等级可晋至三级高级检察官，少数可晋至二级高级检察官，薪酬和所在院副检察长基本一致。今后，检察官将会有稳定的职业预期和薪酬保障，不必为升迁而分心，以增强他们的法律忠诚感和职业稳定感。而其他检察辅助人员也有相应晋升空间，以充分调动他们的工作积极性。

（2）以选拔检察官为核心的人员管理制度初步形成，干部工作活力进一步释放。上海市检察院继续行使对全市各级院领导班子人员的提名权，并准备把提名权扩大到领导班子以外的其他重要岗位；实施全市检察人员统一招录制度；建立经费资产市级统一管理机制。以人员分类管理为基础，统一标准选拔检察官、公开选拔、社会遴选、跨院选任的制度和平台已经形成，符合干部人事管理规律，符合检察工作运行规律的队伍管理新制度初步建立。

（3）办案人员结构更加合理，专业化职业化水平进一步提高。改革后优质办案资源向一线集聚趋势明显，继续严格按照"一线办案部门重点配置、二线办案部门适度配置、辅助部门零星配置、司法行政部门不再配置"的原则,真正把能办案的骨干稳定在办案一线,充实到办案一线。目前全市侦监、公诉等一线办案部门检察官人数比改革前上升13%,2016年,侦监、公诉检察官人均办案数同比分别下降34.5%和9.3%,人案矛盾得到初步缓解。全市检察官平均工作年限达到24年,曾获全国或市级"三优一能"称号的占比达到24.5%。

(4)办案工作机制更加健全,司法办案质效进一步提升。以检察官为核心的办案组织、权力清单、案件审核等办案工作机制不断健全完善,促进了办案效率和质量的提高。2016年,全市公诉一审案件简易程序、速裁程序适用率超过80%,在当年高检院公布的公诉、侦监共8个核心数据中,上海的抗诉、纠正遗漏同案犯、立案监督等7个数据均有两位数以上的上升幅度。

(5)办案责任意识更加强化,责任认定体系进一步明晰。"谁办案谁负责、谁决定谁负责"的理念深入人心,有权必有责成为常态。明确检察官的司法办案权限,是落实司法责任制的基础。2015年,上海市检察院制定了第一份检察官权力清单,分别以正面清单和负面清单的方式,对检察官办案权力作了详细规定。值得注意的是,这份清单并非一成不变,而是始终处于动态修改中。目前,上海检察官可独立决定的职权共有141项,需提请检察长审核的职权共66项。2016年以来,上海检察机关刑事检察部门的检察官独立作出处理决定的案件占比超过80%,提交检委会讨论决定的案件下降11.5%。与此同时,清单当中还对2015年以来全市4件被宣告无罪案件明确区分了司法责任与工作责任,既保证了办案责任落实到位,又打消了检察官不必要的顾虑。

(6)司法办案流程更加透明,司法公信力进一步增强。2016年,全市各级院共对外公布法律文书、案件程序性信息8.6万余件,通过12309检察服务平台提供查询、预约、咨询等服务8.8万余次。人民群众对于司法公正的期待得到较好回应和满足，对检察工作的满意度持续提升，今年市人代会工作报告赞成率达到98.4%，创上海表决器表决以来最高点。同时加强司法机关内部办案监督工作机制建设，强化权力行使的监督制约；改进和加强司法巡查、检务监督工作，规范廉政检察院的选任条件和履职方式；建立上级纪委和上级司法机关为主，下级司法机关协同配合的违纪案件查处机制。

四、改革方向及进路

"检察官权力大了、案件审批层级少了、办案效率高了、肩上责任重了"，这是上海不少检察干警的共同感受。新的检察权运行机制和司法责任体系不断完善，给检察官创造更加宽广平台的同时，也让社会公众感受到了法律监督机关对于公平正义的执着追求。一向被视为司法体制改革排头兵、先行者的上海如何动作，无疑是焦点。针对改革中暴露出的一些问题和短板，上海市检察系统进一步在体制机制上自我完善，努力打造"司法体制改革升级版"，主要关注点如下：

1. 员额制比例设置是否科学

司法改革的"上海方案"最初提出了司法职业三类人员构成方案：检察官、检察辅助人员、行政管理人员三类人员占队伍总数的比例分别为30%、52%和15%。统一化的比例名额有利于人员选拔的展开，但是不可否认的会存在以下问题：首先，三类司法职业人员构成比例的划分是否合理？是否经过科学化的论证？现有比例的划分是否能够满足司法实践的现状？其次，比例是固定不变的，但是办案人员却是动态变化的，每一年会有一定的司法工作人员退出和补充，如何让静态的比例标准和动态的人员变动保持一定程度的平衡而实现稳定过渡？最后，即便是上海市本市内，不同检察院辖区之内的司法实践现状都有所不同，过于统一的人员定额是否会束缚当地司法工作的开展，是否应该结合不同地区不同的司法状况具体问题具体分析，确定最符合实践经验状况的比例员额？

2. 员额外人员安置是否合理

检察院进行分类管理的同时将会有一部分不符合要求的检察官分流、退出，这关乎司法干部管理体制的变革，如何协调司法活动机制改革和人员机制调整是此次司法改革要面临的一大难题①。在员额制度推进时，在人员分档定级的过程当中，是否会存在司法人员的流失？同时，如何制定一套完备的检察官辅助人员晋升检察官的标准也是上海司法制度改革应该考虑的问题，这就包括检察官辅助人员的培训和考核机制，案件分配以及办案质量监督评估机制以及检察官辅助人员办理案件的档案记录追踪机制等。另外，为了保障员额内检察官的办案质量和人员素质，已入额人员退出机制的进一步完善也应当纳入司法改革后期深入推进的方向。

3. 司法责任制贯彻是否深入

司法责任制应当坚持社会合理性，以寻求社会自我防卫和个人权利发展的结合点。坚持责任划定和责任承担的谦抑性，在可能和允许的范围内落实责任。同时，责任确定还应当坚持比例性原则，使职责与权限相适应，能力与责任相统一。上海检察系统的司法责任制改革过程中将权力大幅下放，给予检察官更大的自主权限，但是从权力对应的责任方面考量，这是否会导致权力监督不完善，从而导致权力滥用，是应当深入分析和研究的另一个问题。

4. "市内统管"人财物是否可行

"人财物"实现"市内统管"是上海司法体制改革的重要亮点，解决了制约司法能力的深层次问题。相对于以前的司法改革，这一改革措施具有里程碑式的意义，但是仔细分析其可操作性，依然存在有待完善的地方。另外，上海检察系统的改革经验能否用于其他省和自治区？上海虽然是省级行政区，

---

① 冀祥德、邓超：《司法改革"上海方案"价值评析》，《政法论丛》2014 年 12 月。

但却只有一市之地，不同于其他幅员辽阔人口众多的省区。在一个省的辖区内，各地区经济发展不同步，有的甚至相差悬殊，省级统管是否能够真正做到全盘兼顾？再者，全省范围之内的"人财物"三项事项一揽子都实行"省级统管"是否会赋予省级司法机关过大的行政权力？这一方面可能会削弱省级司法机关的司法职能，进一步加重省级司法机关的行政负担；另一方面则可能会使省级司法机关权力过大，进而使司法的地方化现象在省一级更加严重。因此，上海检察系统"市内统管"人财物的经验是否能为其他省和自治区所借鉴还需深入思考和研究。

总体而言，上海市检察系统的司法改革目标明确，规划清晰，战略科学，结构改革与体制改革并存；注重综合配套和统筹协调，兼顾了公正和效率，完善了司法责任制，强化了监督制约机制。无论是从宏观的改革目标还是具体的改革方案，上海都起到了模范带头作用，对此后全国范围内开展的司法改革具有引领和导航作用。上海市检察系统的改革仍应当坚持以问题为导向，加强理念创新、制度创新和工作创新，着力打造上海特色的检察改革升级版，不断提升司法办案质效，努力让人民群众在每一个司法案件中都感受到公平正义。

参考文献

一、中文著作

［1］北京大学哲学系外国哲学史教研室编译：《古希腊罗马哲学》，商务印书馆 1961 年版。

［2］卞建林：《刑事诉讼法学》，法律出版社 1997 年版。

［3］卞建林：《刑事诉讼的现代化》，中国法制出版社 2003 年版。

［4］卞建林、刘玫：《外国刑事诉讼法》，人民法院出版社、中国社会科学出版社 2002 年版。

［5］蔡墩铭：《现代刑法思潮与刑事立法》，汉林出版社 1977 年版。

［6］蔡墩铭：《刑事诉讼法论》，台湾五南图书出版有限公司 1996 年版。

［7］蔡墩铭：《刑事诉讼法概要》，三民书局股份有限公司 1999 年版。

［8］蔡墩铭：《两岸比较刑事诉讼法》，五南图书出版公司 1996 年版。

［9］蔡枢衡：《刑事诉讼法教程》，河北第一监狱 1947 年版。

［10］曹炳增：《无罪辩护：十起辩护成功案例及诉讼程序的理性思考》，中国人民公安大学出版社 2004 年版。

［11］曹竞辉：《刑事诉讼法实务问题研究》，五南图书出版公司 1982

年版。

[12] 陈瑾昆：《刑事诉讼法通义》，北平朝阳书院民国 19 年版。

[13] 陈光中：《外国刑事诉讼程序比较研究》，法律出版社 1988 年版。

[14] 陈光中：《刑事诉讼法学》，中国政法大学出版社 1990 年版。

[15] 陈光中：《陈光中法学文集》，中国法制出版社 2000 年版。

[16] 陈光中、[加] 丹尼尔·普瑞方廷主编：《联合国刑事司法准则与中国刑事法制》，法律出版社 1998 年版。

[17] 陈光中：《刑事再审程序与人权保障》，北京大学出版社 2005 年版。

[18] 陈光中、徐静村：《刑事诉讼法学》，中国政法大学出版社 1999 年版。

[19] 陈光中：《刑事诉讼法学》，北京大学出版社、高等教育出版社 2002 年版。

[20] 陈光中：《刑事诉讼法实施问题研究》，中国法制出版社 2000 年版。

[21] 陈光中、[德] 汉斯-约格阿尔布莱希特主编：《中德强制措施制度研讨会论文集》，中国人民公安大学出版社 2003 年版。

[22] 陈国庆等：《修改后刑事诉讼法实施疑难问题解答》，中国检察出版社 1997 年版。

[23] 陈宏毅：《刑事诉讼法理论与实务》，三民书局 2001 年版。

[24] 陈朴生：《刑事诉讼法论》，正中书局 1952 年版。

[25] 陈朴生：《刑事证据法》，三民书局 1979 年版。

[26] 陈朴生：《刑事诉讼法实务》，海宇文化事业有限公司 1999 年版。

[27] 陈朴生：《刑事诉讼法实务》（修订版），台湾海天印刷厂有限公司 1981 年版。

［28］陈朴生：《刑事诉讼争议问题研究》，五南1冬1书出版公司1987年版。

［29］陈朴生：《刑事证据法》台湾海天印刷厂有限公司1979年版。

［30］陈朴生：《刑事证据法》，台湾三民书社1979年版。

［31］陈瑞华：《刑事审判原理论》，北京大学出版社1997年版。

［32］陈瑞华：《刑事诉讼的前沿问题》，中国人民大学出版社2000年版。

［33］陈瑞华：《问题与主义之间——刑事诉讼基本问题研究》，中国人民大学出版社2003年版。

［34］陈瑞华：《程序性制裁理论》，中国法制出版社2005年版。

［35］陈卫东：《刑事诉讼法实施问题调研报告》，中国方正出版社2001年版。

［36］陈卫东：《模范刑事诉讼法典》，中国人民大学出版社2005年版。

［37］陈永生：《侦查程序原理论》，中国人民公安大学出版社2003年版。

［38］陈兴良：《刑法哲学》，中国政法大学出版社1997年版。

［39］陈宗荣：《民事诉讼与民事诉讼标的理论》，台湾大学法律系"法学丛书编辑委员会"1997年版。

［40］程荣斌：《刑事诉讼法》，中国人民大学出版社1999年版。

［41］程味秋、杨诚、杨宇冠：《联合国人权公约和刑事司法文献汇编》，中国法制出版社2000年版。

［42］程味秋、樊崇义：《外国刑事诉讼法概论》，中国政法大学出版社1994年版。

［43］储槐植：《美国刑法》（第二版），北京大学出版社1996年版。

［44］褚剑鸿：《刑事诉讼法论》（增订本），台湾商务印书馆股份有限公

司 1983 年版。

［45］戴修瓒：《新刑事诉讼法释义》，上海法学编译社民国 19 年版。

［46］刁荣华：《刑事诉讼法释论》，汉苑出版社 1977 年版。

［47］斐广川：《刑事案例诉辩审评——绑架罪、非法拘禁罪》，中国检察出版社 2005 年版。

［48］冯亚东：《平等、自由与中西文明》，法律出版社 2002 年版。

［49］樊崇义：《刑事诉讼法学》，中国政法大学出版社 1999 年版。

［50］樊崇义：《刑事诉讼法研究综述与评价》，中国政法大学出版社 1991 年版。

［51］樊崇义：《刑事诉讼法实施问题与对策研究》，中国人民公安大学出版社 2001 年版。

［52］樊崇义：《诉讼原理》，法律出版社 2003 年版。

［53］龚祥瑞：《西方国家司法制度》，北京大学出版社 1993 年版。

［54］顾昂然：《新中国的诉讼、仲裁和国家赔偿制度》，法律出版社 1996 年版。

［55］顾永忠：《刑事上诉审程序研究》，中国人民公安大学出版社 2003 年版。

［56］何秉松：《刑法教科书》2000 年修订（上卷），中国法制出版社 2000 年版。

［57］洪永宏、严昌：《世界经典文献》，北京燕山出版社 1997 年版。

［58］胡开诚：《刑事诉讼法论》，三民书局 1983 年版。

［59］胡伟：《司法政治》，香港三联书店有限公司 1994 年版。

［60］黄相森、沈宗灵主编：《西方人权学说》，四川人民出版社 1994 年版。

［61］黄东熊：《刑事诉讼法论》，台湾三民书局股份有限公司 1999

年版。

[62] 季卫东：《法治秩序的建构》，中国政法大学出版社 1999 年版。

[63] 姜伟、钱肪、徐鹤喃：《公诉制度教程》，法律出版社 2002 年版。

[64] 江伟：《中国民事诉讼法专论》，中国政法大学出版社 1998 年版。

[65] 康焕栋：《刑事诉讼法论》，上海法学编译社民国 26 年版。

[66] 柯报程：《变动中的刑法思想》，中国政法大学出版社 2003 年版。

[67] 李贵方：《刑事辩护指南》，吉林人民出版社 2003 年版。

[68] 李心鉴：《刑事诉讼构造论》，中国政法大学出版社 1992 年版。

[69] 李学军：《美国刑事诉讼规则》，中国检察出版社 2003 年版。

[70] 梁玉渡：《论刑事诉讼方式的正当性》，中国法制出版社 2002 年版。

[71] 林山田：《刑事诉讼法》，汉荣书局有限公司 1981 年版。

[72] 林钮雄：《刑事诉讼法》，中国人民大学出版社 2005 年版。

[73] 廖俊常：《刑事诉讼法学》，四川人民出版社 1990 年版。

[74] 刘秉均等：《罪与刑——林山田教授六十岁生日祝贺论文集》，五南图书出版公司 1998 年版。

[75] 刘军宁、王炎、贺卫方：《市场逻辑与国家观念》，生活·读书·新知三联书店 1995 年版。

[76] 刘荣军：《程序保障的理论视角》，法律出版社 1999 年版。

[77] 刘星：《法律是什么：二十世纪英美法理学批判阅读》，广东旅游出版社 1997 年版。

[78] 龙宗智：《刑事庭审制度研究》，中国政法大学出版社 2001 年版。

[79] 龙宗智：《理论反对实践》，法律出版社 2003 年版。

[80] 龙宗智：《徘徊于传统与现代之间——中国刑事诉讼法再修改研究》，法律出版社 2005 年版。

［81］龙宗智：《相对合理主义》，中国政法大学出版社 1999 年版。

［82］龙宗智：《刑事庭审制度研究》，中国政法大学出版社 2001 年版。

［83］麦高伟、［英］杰弗里·威尔逊：《英国刑事司法程序》，姚永吉、陈级等译，法律出版社 2003 年版。

［84］苗生明：《检察机关公诉人办案规范手册》，中国检察出版社 2004 年版。

［85］欧阳康：《社会认识论导论》，中国社会科学出版社 1990 年版。

［86］欧阳寿、周叶谦、肖闲富、陈中天：《英美刑法刑事诉讼法概论》，中国社会科学出版社 1984 年版。

［87］彭勃：《日本刑事诉讼法通论》，中国政法大学出版社 2002 年版。

［88］邱兴隆：《关于惩罚的治学——刑罚根据论》，法律出版社 2000 年版。

［89］裘索：《日本国检察制度》，商务印书馆 2003 年版。

［90］曲新久：《刑法的精神与范畴》，中国政法大学出版社 2000 年版。

［91］宋英辉：《刑事诉讼原理导读》，法律出版社 2003 年版。

［92］宋英辉、李忠诚主编：《刑事程序法功能研究》，中国人民公安大学出版社 2004 年版。

［93］宋英辉：《刑事诉讼原理》，法律出版社 2003 年版。

［94］苏力：《道路通向城市：转型中国的法治》，法律出版社 2004 年版。

［95］沈宗灵、张文显：《法理学》，高等教育出版社 1993 年版。

［96］孙长永：《刑事诉讼证据与程序》，中国检察出版社 2003 年版。

［97］孙长永：《日本刑事诉讼法导论》，重庆大学出版社 1993 年版。

［98］孙长永等：《英国 2003 年〈刑事审判法〉及其释义》，法律出版社 2005 年版。

［99］孙国华、朱景文：《法理学》，中国人民大学出版社 2000 年版。

［100］孙花璞：《刑事审判学》，中国检察出版社 1992 年版。

［101］孙文志：《控辩式刑事审判运作程序》，人民法院出版社 1999 年版。

［102］锁正杰：《刑事程序的法哲学原理》，中国人民公安大学出版社 2002 年版。

［103］台湾"最高法院学术委员会"：《刑事诉讼可否采诉因制度研讨会》，台湾"最高法院学术研究会"编印 1994 年版。《辞海》，上海辞书出版社 1979 年版。

［104］万毅：《变革社会的程序正义——语境中的中国刑事司法改革》，中国方正出版社 2004 年版。

［105］汪建成、黄伟明：《欧盟成员国刑事诉讼概论》，中国人民大学出版社 2000 年版。

［106］汪海燕：《刑事诉讼模式的演进》，中国人民公安大学出版社 2004 年版。

［107］王国枢：《刑事诉讼法学》，北京大学出版社 1989 年版。

［108］王敏远：《刑事司法理论与实践检讨》，中国政法大学出版社 1999 年版。

［109］王敏远：《公法》（第四卷），法律出版社 2003 年版。

［110］王敏远：《刑事诉讼法》，社会科学文献出版社 2005 年版。

［111］王少南：《审判学》，人民法院出版社 2003 年版。

［112］王亚新：《对抗与判定：日本民事诉讼的基本结构》，清华大学出版社 2002 年版。

［113］王义军：《从主体性原则到实践哲学》，中国社会科学出版社 2002 年版。

［114］王以真：《外国刑事诉讼法学参考资料》，北京大学出版社1995年版。

［115］王以真：《外国刑事诉讼法学》，北京大学出版社2004年版。

［116］王兆鹏：《美国刑事诉讼法》，北京大学出版社2005年版。

［117］王勇飞、张贵成：《中国法理学研究综述与评价》，中国政法大学出版社1992年版。

［118］文正邦：《当代法哲学研究与探索》，法律出版社1999年版。

［119］吴建勋：《刑事诉讼应否改采当事人主义研究》，台湾宏辉电脑资讯企业有限公司1997年版。

［120］武延平、刘根菊：《刑事诉讼法学参考资料汇编》，北京大学出版社2005年版。

［121］夏勤：《刑事诉讼法要论》，重庆商务印书馆1944年版。

［122］夏勤：《刑事诉讼法要论》，商务印书馆1933年版。

［123］夏甄陶：《认识论引论》，人民出版社1986年版。

［124］肖泽晨：《宪法学——关于人权保障与权力控制的学说》，科学出版社2003年版。

［125］肖中华：《犯罪构成及其关系论》，中国人民大学出版社2000年版。

［126］谢佑平：《刑事诉讼模式与精神》，成都科技大学出版社1994年版。

［127］谢佑平、万毅：《刑事诉讼法原则：程序正义的基石》，法律出版社2002年版。

［128］谢佑平：《刑事司法程序的一般理论》，复旦大学出版社2003年版。

［129］谢佑平：《刑事诉讼国际准则研究》，法律出版社2002年版。

［130］熊秋红：《刑事辩护论》，法律出版社 1998 年版。

［131］熊秋红：《转变中的刑事诉讼法学》，北京大学出版社 2004 年版。

［132］熊元翰：《刑事诉讼法》，北京安徽法学社 1911 年版。

［133］徐京辉、程立福：《澳门刑事诉讼法》，澳门基金会 1999 年版。

［134］徐静村：《刑事诉讼法学》，法律出版社 1997 年版。

［135］徐静村：《21 世纪中国刑事程序改革研究——（中华人民共和国刑事诉讼法）第二修正案（学者建议稿）》，法律出版社 2003 年版。

［136］徐友军：《比较刑事程序结构》，现代出版社 1992 年版。

［137］许玉秀：《刑事法之基础与界限》，台湾学林文化事业有限公司 2003 年版。

［138］杨祖陶、邓晓芒：《康德三大批判精粹》，人民出版社 2001 年版。

［139］张建伟：《司法竞技主义：英美诉讼传统与中国庭审方式》，北京大学出版社 2005 年版。

［140］张军、姜伟、田文昌：《刑事诉讼：控辩审三人谈》，法律出版社 2001 年版。

［141］张丽卿：《刑事诉讼法：理论与应用》，五南图书出版公司 2001 年版。

［142］张丽卿：《刑事诉讼制度与刑事证据》，元照出版公司 2000 年版。

［143］张明楷：《刑法的基本立场》，中国法制出版社 2002 年版。

［144］张明楷：《外国刑法纲要》，清华大学出版社 1999 年版。

［145］张卫平：《守望想像的空间》，法律出版社 2003 年版。

［146］张文显：《法理学》，法律出版社 1997 年版。

［147］张文显：《法学基本范畴研究》，中国政法大学出版社 1993 年版。

［148］张毅：《刑事诉讼中的禁止双重危险规则论》，中国人民公安大学出版社 2004 年版。

［149］张子培：《刑事诉讼法》，人民法院出版社 1990 年版。

［150］赵秉志：《香港刑事诉讼程序法》，北京大学出版社 1996 年版。

［151］赵教华：《西方哲学简史》，北京大学出版社 2001 年版。

［152］周道鸾、张泗汉主编：《刑事诉讼法的修改与适用》，人民法院出版社 1996 年版。

［153］周光权：《刑法诸问题的新表述》，中国法制出版社 1999 年版。

［154］周光权：《刑法学的向度》，中国政法大学出版社 2004 年版。

［155］周棍：《罗马法原论》，商务印书馆 1994 年版。

［156］周士敏：《澳门刑事诉讼制度论》，国家行政学院出版社 2001 年版。

［157］最高法院学术研究会：《刑事诉讼可否采行诉因制度研究讨论会》，普林特印刷有限公司 1994 年版。

［158］最高人民检察院法律政策研究室：《人民检察院法律文书格式:样本》，中国法制出版社 2002 年版。

［159］最高人民检察院法律政策研究室：《所有人的正义——英国司法改革报告》，中国检察出版社 2003 年版。

［160］左卫民：《刑事程序问题研究》，中国政法大学出版社 1999 年版。

［161］左卫民、周长军：《刑事诉讼的理念》，法律出版社 1999 年版。

［162］左卫民、周长军：《变迁与改革：法院制度现代化研究》，法律出版社 2000 年版。

［163］左卫民：《在权利话语与权力技术之间——中国司法的新思考》，法律出版社 2002 年版。

［164］左卫民：《价值与结构：刑事程序的双重分析》，法律出版社 2003 年版。

［165］左卫民等：《简易刑事程序研究》，法律出版社 2005 年版。

［166］ 张建伟：《刑事司法体制原理》，中国人民公安大学出版社 2002 年版。

［167］ 王福华：《民事诉讼基本结构》，中国检察出版社 2002 年版。

［168］ 中国法律文书样式与制作编纂委员会：《检察法律文书样式于制作》，人民法院出版社 1998 年版。

［169］ 中央电视台庭审直播摄制组：《綦江虹桥垮塌案审判实录》，法律出版社 1999 年版。

二、中文论文

［1］ 白俊华：《论刑事诉讼法律关系几个问题》，政法论坛 1994 年第 3 期。

［2］ 白取祐司、程君：《产生杀机时间的变更和诉因的变更》，研究生法学 1994 年第 1 期。

［3］ 边慧亮：《传统刑事诉讼法律关系理论的困境及其新进展》，法制与社会 2011 年第 25 期。

［4］ 卞建林、魏晓娜：《起诉效力与审判范围》，人民检察 2000 年第 74 期。

［5］ 蔡震宇：《一事不再理的客观范围研究》，浙江工商大学 2008 年。

［6］ 陈斌、崔凯：《刑事审判对象理论比较研究》，法制与社会 2007 年第 7 期。

［7］ 陈春芳：《刑事诉因制度研究》，浙江工商大学 2008 年。

［8］ 陈冬：《刑事诉讼一事不再理原则研究》，国家检察官学院学报 2004 年第 10 期。

［9］ 陈昉：《我国公诉变更制度研究》，复旦大学 2009 年。

［10］ 陈芬娟：《一事不再理原则与我国刑事再审程序之完善》，嘉兴学

院学报 2006 年第 12 期。

[11] 陈建辉：《论刑事诉讼中一事不再理原则》，湘潭大学 2007 年。

[12] 陈黎：《法院变更指控罪名新论》，安徽电子信息职业技术学院学报 2004 年第 8 期。

[13] 陈濂、林荫茂：《刑事诉讼诉因价值与可行性研究》，社会科学 2008 年第 11 期。

[14] 陈瑞华：《刑事诉讼中的重复追诉问题》，《政法论坛》2002 年第 5 期。

[15] 陈瑞华：《刑事再审程序研究》，《政法论坛》2000 年第 6 期。

[16] 陈群：《一事不再理原则与我国刑事再审程序改革》，黑龙江省政法管理干部学院学报 2004 年第 11 期。

[17] 陈群：《禁止重复追诉原则与我国刑事再审制度改造》，盐城师范学院学报（人文社会科学版）2007 年第 2 期。

[18] 陈胜模：《对法院变更指控罪名加重刑罚的法律思考》，四川省政法管理干部学院学报 2004 年第 3 期。

[19] 陈为峰：《刑法变更与刑事裁判既判力》，厦门大学 2007 年。

[20] 陈学权：《公诉裁量权与审判权具有互动关系》，检察日报 2004-10-1。

[21] 陈学权：《我国公诉变更制约机制的完善》，山西省政法管理干部学院学报 2005 年第 3 期。

[22] 陈迎新、吴玲：《从一起程序性争议谈控审分离》，检察实践 2002 年第 1 期。

[23] 陈永生：《一事不再理与中国区际刑事管辖冲突的解决》，研究生法学 1998 年第 3 期。

[24] 陈哲：《论刑法诉讼里与既判力的关系》，河南司法警官职业学院

学报 2006 年第 3 期。

[25] 程昊：《论诉审同一原则的标准——兼论法院变更指控罪名的模式》，学术交流 2005 年第 3 期。

[26] 崔凯：《英美刑事审判对象问题研究——反思诉因制度在我国的适用》，甘肃理论学刊 2007 年第 2 期。

[27] 董清林：《略论沉默权与刑事诉讼法的多元价值目标》，广西政法管理干部学院学报 2001 年第 4 期。

[28] 董伟华：《试析刑事诉讼法律关系的概念》，沧桑 2009 年第 2 期。

[29] 段厚省、周恬：《英美民事诉讼中诉因制度的历史变迁》，东方法学 2008 年第 5 期。

[30] 樊安红、刘宏成：《我国刑事再审与禁止重复追诉原则的冲突与调和》，经济与社会发展 2006 年第 5 期。

[31] 冯宝玲、王丹丹：《论公诉变更制度》，行政与法（吉林省行政学院学报）2006 年第 12 期。

[32] 冯锟、王何汉：《法院变更指控罪名探究》，商业文化（学术版）2009 年第 4 期。

[33] 官欣：《论刑事诉讼客体》，中国政法大学 2004 年。

[34] 郭彩霞：《刑事诉讼控审分离原则研究》，中国政法大学 2005 年。

[35] 郭健、王成、冯涛：《刑事诉讼标的之单一性与同一性探究》，郑州航空工业管理学院学报（社会科学版）2007 年第 26 卷。

[36] 韩涛、范昱晖：《不告不理原则的理解与适用》，江苏法制报，2010-06-24。

[37] 何伟：《刑事诉讼控审分离原则研究》，郑州航空工业管理学院学报（社会科学版）2009 年第 5 期。

[38] 贺国瑞：《从刑事诉讼客体看起诉权对审判权的制约作用》，法制

与社会 2009 年第 24 期。

［39］胡铭：《联合国刑事司法准则视野下的再审程序改革——兼论一事不再理原则及其例外在我国的确立》，研究生法学 2005 年第 3 期。

［40］黄淳：《起诉事实同一性判断标准之我见》，重庆工学院学报（社会科学版）2009 年第 7 期。

［41］黄文：《论刑事控审分离原则的理论基础》，理论与改革 2004 年第 2 期。

［42］冀亚明：《法院变更指控罪名制度研究》，河北大学 2011 年。

［43］贾兵：《法院变更指控罪名研究》，浙江工商大学 2011 年。

［44］江晓阳：《评人民法院变更指控罪名权》，人民检察 1999 年第 9 期。

［45］井翠翠：《刑事诉因变更制度研究》，复旦大学 2008 年。

［46］孔红波：《论不告不理原则在刑事诉讼中的体现》，法制与社会 2007 年第 3 期。

［47］孔军、张文杰：《禁止重复追诉相关概念辨析》，行政与法 2012 年第 3 期。

［48］赖正直：《论刑事审判权的界限——以日本的诉因制度为借镜》，中国刑事法杂志 2008 年第 5 期。

［49］乐伟：《浅论生效民事判决对启动刑事追诉程序的影响——兼谈一事不再理原则的适用》，中共郑州市委党校学报 2008 年第 5 期。

［50］黎裕豪：《澳门刑事诉讼中的无罪推定原则和一事不再理原则》，人民检察 2010 年第 5 期。

［51］李婵媛：《刑事诉讼客体理论初探》，中国政法大学 2007 年。

［52］李长栓：《"告诉才处理"与"不告不理"翻译研究》，法律语言学说 2009 年第 2 期。

[53] 李刚：《论刑事诉讼客体的功能》，吉林大学 2008 年。

[54] 李慧：《浅议一事不再理原则在国际刑事领域的适用》，法制与经济（上旬刊）2001 年第 2 期。

[55] 李惠民、张嘉福、陈宝琨：《立法应确立诉审同一原则》，检察日报，2007-03-26。

[56] 李慧敏：《公诉变更制度研究》，湘潭大学 2008 年。

[57] 李健民：《略论刑事诉讼法律关系》，西北政法大学学报 1986 年第 2 期。

[58] 李娜：《对刑事诉讼法律关系的主体范围的思考》，法制与社会 2009 年第 11 期。

[59] 李群：《刑事判决的既判力研究》，西南政法大学 2004 年。

[60] 李仁尚、吴观雄：《刑事诉讼中的不告不理原则论》，广西政法管理干部学院学报 2004 年第 4 期。

[61] 李文实：《浅析我国公诉变更的困境与出路》，吉林大学 2011 年。

[62] 李扬：《三论诉权理论在刑事诉讼中的导入——刑事诉因制度研究》，政法论坛 2009 年第 2 期。

[63] 李薇、陈宇权、葛琳：《刑事再审改革中的五个关注点》，检察日报，2004-11-12。

[64] 李玉华：《日本的诉因制度研究》，河北经贸大学学报（综合版）2004 年第 1 期。

[65] 李哲：《刑事裁判的既判力研究》，中国政法大学 2005 年。

[66] 李哲：《刑事既判力相关范畴之比较》，比较法研究 2008 年第 5 期。

[67] 李志美：《试论建立公诉变更制度的必要性》，宿州学院学报 2008 年第 4 期。

［68］林琳、肖桂丽：《论法院变更指控罪名制度》，法制与社科 2008 年第 12 期。

［69］刘博：《论刑事控审分离原则》，河北大学 2009 年。

［70］刘芬：《构建我国公诉变更制度的几点思考》，山西警官高等专科学校学报 2007 年第 6 期。

［71］刘根菊、封利强：《论刑事第二审程序的审判范围——以程序功能为视角》，时代法学 2008 年第 12 期。

［72］刘磊：《诉审分离与罪名变更——以"公诉事实同一性"为中心》，中国刑事法杂志 2006 年第 2 期。

［73］刘立新：《一事不再理原则的确立与我国刑事再审程序的重构》，中国政法大学 2009 年。

［74］刘庆岗：《控审分离原则在侦查程序中的制度体现》，东方企业文化 2010 年第 8 期。

［75］刘少军：《日本诉因制度评介》，中国刑事法杂志 2004 年第 4 期。

［76］刘索娟：《论一事不再理原则在我国刑事诉讼中的构建》，青岛大学 2009 年。

［77］刘晓兵：《日本诉因制度与我国公诉方式改革》，贵州警官职业学院学报 2005 年第 3 期。

［78］刘晓兵：《日本诉因制度论略》，河北法学 2007 年第 7 期。

［79］刘雅婷：《诉审同一原则下的罪名变更制度构建》，法制与社会 2010 年第 8 期。

［80］刘兆兴：《两大法系几个国家在既判力和刑事再审问题上的发展趋势》，中国法律年鉴 2011 年第 11 期。

［81］刘哲：《论诉因制度与我国的公诉改革》，中国青年政治学院 2008 年。

［82］龙宗智：《论公诉变更》，现代法学 2004 年第 12 期。

［83］吕强、许岩：《公诉变更制度之完善》，山西省政法管理干部学院学报 2010 年第 3 期。

［84］陆利平、张华：《法院变更指控罪名之比较探讨》，河南司法警官职业学院学报 2008 年第 12 期。

［85］陆远：《论检察机关在刑事诉讼中的角色定位与转换——兼谈不同阶段刑事诉讼法律关系》，现代商贸工业 2011 年第 18 期。

［86］罗真：《论我国法院变更指控罪名模式之选择与重构》，法制与社科 2007 年第 10 期。

［87］马东丽：《刑事既判力在我国刑法中的重构》，湖南冶金职业技术学院学报 2009 年第 12 期。

［88］马运立：《控审分离原则之法理探析》，政法论丛 2012 年第 1 期。

［89］毛忠强：《刑事诉讼一事不再理原则研究》，武汉大学 2005 年。

［90］孟哲：《论刑事诉讼中控审分离原则的贯彻》，中国政法大学 2010 年。

［91］牛振宇：《论刑事既判力原则的例外》，河北大学学报（哲学社会科学版）2004 年第 1 期。

［92］牛振宇：《刑事既判力原理论》，河南省政法管理干部学院学报 2003 年第 10 期。

［93］潘露：《公诉权与审判范围关系研究》，浙江工商大学 2008 年。

［94］裴苍龄、易萍：《论刑事诉讼法律关系》，法律科学：西北政法大学学报 1996 年第 2 期。

［95］齐文远、金泽刚：《法院变更指控罪名观念误区与合理选择》，人民法院报，2002-08-26。

［96］秦宗文：《一事不再理原则与我国刑事程序改革研究》，学术研究

2004 年第 4 期。

［97］邱先聪：《刑事诉讼中的不告不理原则探析》，西南农业大学学报（社会科学版），2009 年第 2 期。

［98］屈新：《比较法视野中的诉审同一问题》，政法论坛 2010 年第 11 期。

［99］曲忠鹏：《公诉变更制度研究》，西南政法大学 2011 年。

［100］桑月鹏、谢琼：《论我国刑事诉因变更制度之完善》，中国检察官 2007 年第 8 期。

［101］施洁、陈红：《刑事判决对民事案件的既判力问题辨析》，人民司法 2005 年第 6 期。

［102］宋世杰：《论刑事诉讼法律关系的特殊性及主客体》，湘潭大学学报（哲学社会科学版）1993 年第 3 期。

［103］宋世杰、彭海青：《论刑事诉讼中控审分离原则的理论与实践》，湘潭大学社会科学学报 2002 年第 3 期。

［104］宋英辉：《论刑事程序中的控审分离》，检察理论研究 1992 年第 3 期。

［105］宋英辉：《刑事诉讼原理》，法律出版社 2003 年版。

［106］宋赟：《论审判范围与起诉范围的同一性》，刑事司法论坛 2009 年第 4 期。

［107］苏家成、王觐：《法院变更指控罪名应告知检察机关和被告人》，人民法院报，2006-12-13。

［108］孙建霞、沈丽：《不告不理与我国刑事诉讼》，株洲师范高等专科学校学报 2004 年第 6 期。

［109］孙经志：《法院变更指控罪名应增加告知程序》，江苏法制报，2006-02-15。

［110］塔娜：《当事人主义与职权主义的冲突与妥协——以日本刑事诉讼诉因制度为视角》，内蒙古农业大学学报（社会科学版）2009年第6期。

［111］汤茂定：《刑事二审功能嬗变与控审分离原则的契合》，黑龙江省政法管理干部学院学报2006年第4期。

［112］汤鸣：《一事不再理原则探析——兼论刑事判决的既判力问题》，当代法学2003年第8期。

［113］腾炜：《刑事诉讼中"一事不再理原则"的运用》，人民大学2004年第12期。

［114］田全：《对案件事实认定同一性的思考》，重庆科技学院学报（社会科学版）2008年第3期。

［115］田小丰：《我国刑民交叉案件中的既判力问题研究——从一个案件引发的思考》，行政与法2011年第3期。

［116］涂龙科、蔡晨成、高宇：《论诉因在我国公诉制度中的应用》，政治与法律2008年第11期。

［117］万婷：《公诉变更制度研究》，西南政法大学2009年。

［118］汪建成、张向军：《刑事诉讼法律关系若干问题之研究》，烟台大学学报（哲学社会科学版）1993年第1期。

［119］王兵：《法院变更指控罪名程序构建之思考》，法制与经济（上半月）2008年第1期。

［120］王成：《论比较法视野中诉审同一》，中国政法大学2007年。

［121］王刚、沈莺：《论不告不理原则的由来》，湖南省政法管理干部学院学报2002年第S2期。

［122］王国安：《对法院变更指控罪名的思考》，保定师范专科学校学报2005年第3期

［123］王婧：《禁止重复追诉原则与刑事再审制度》，才智2008年第

12 期。

［124］王梦飞：《刑事诉讼客体新探》，北京科技大学学报（社会科学版）2004 年第 3 期。

［125］王明、康瑛：《法院变更指控罪名与辩护权的保护》，中美"律师辩护职能与司法公正"研讨会文集 2003 年第 9 期。

［126］王明、康瑛：《法院变更指控罪名与辩护权的保护》，法学杂志 2005 年第 1 期。

［127］王潇：《刑事公诉变更制度研究》，内蒙古大学 2010 年。

［128］王耀忠：《刑事既判力在我国刑法中的重构》，法律科学：西北政法大学学报 2002 年第 11 期。

［129］王亦农：《论对法院变更指控罪名的限制》，检察实践 2002 年第 2 期。

［130］王瑛杰、胡芬：《法院的审判范围和法律适用的问题研究》，福建政法管理干部学院学报 2005 年第 10 期。

［131］魏开新：《法院变更指控罪名问题研究》，中国政法大学 2007 年。

［132］吴磊、李建明：《试论刑事诉讼法律关系的几个问题》，中国法学 1990 年第 4 期。

［133］吴奇伟：《法院变更指控罪名应增加告知程序》，人民法院报，2002-12-30。

［134］吴鹏、张品鑫：《从一事不再理原则看我国刑事再审制度》，法制与社会 2006 年第 12 期。

［135］吴倩、张旭勇：《法院变更指控罪名问题研究》，法制与社科 2007 年第 10 期。

［136］吴新梅、江英：《略论刑事诉讼中的"一事不再理"》，云南警官学院学报 2004 年第 12 期。

［137］武正营：《论刑事诉讼中的不告不理原则》，南京师范大学 2007 年。

［138］肖本山：《控审分离在我国刑事诉讼中的现状及完善》，安徽师范大学学报（人文社会科学版）2002 年第 1 期。

［139］肖黎明、王晓芸：《民事部分再审不影响刑事裁判的既判力》，法制日报，2004-04-15。

［140］肖建国：《论刑事诉讼中的一事不再理原则》，四川大学 2005 年。

［141］肖渭明：《论确立不告不理原则和诉之不可分及审判不可分原则》，检察理论研究 1994 年第 3 期。

［142］谢逢渲：《刑事控审分离原则初探》，今日南国（中旬刊）2010 年第 9 期。

［143］谢进杰：《刑事审判对象问题研究》，四川大学 2006 年。

［144］谢进杰：《审判对象的运行规律》，法学研究 2007 年第 4 期。

［145］谢进杰：《论审判对象的变更及其控制》，中山大学学报（社会科学版）2007 年第 3 期。

［146］谢进杰：《审判对象变更机制述评》，中国刑事法杂志 2007 年第 4 期。

［147］谢进杰：《刑事审判对象变更机制实证考察》，国家检察官学院学报 2008 年第 2 期。

［148］谢进杰：《程序差别与审判对象》，甘肃政法学院学报 2008 年第 5 期。

［149］谢进杰：《论禁止重复追诉的机理》，刑事法评论 2008 年第 12 期。

［150］谢进杰：《中国刑事审判对象的实践与制度》，北大法律评论 2009 年第 2 期。

［151］谢进杰：《论审判对象的生成——基于刑事诉讼合理构造的诠释》，北方法学 2009 年第 2 期。

［152］谢佑平、万毅：《论刑事审判对象》，云南法学 2001 年第 1 期。

［153］谢佑平、万毅：《法院变更指控罪名制度探析》，人民检察 2001 年第 7 期。

［154］谢佑平、万毅：《论刑事控审分离原则》，诉讼法论丛 2002 年第 0 期。

［155］谢佑平、万毅：《刑事控审分离原则的法理探析》，西南师范大学学报（人文社会科学版）2002 年第 3 期。

［156］谢佑平、万毅：《刑事公诉变更制度论纲》，国家检察官学院学报 2002 年第 2 期。

［157］谢佑平、万毅：《一事不再理原则重述》，《中国刑事法杂志》2001 年第 3 期。

［158］邢华东：《论我国公诉变更制度的完善》，中国海洋大学 2011 年。

［159］徐松青、袁婷、张华：《诉讼代理人意见可作为法院变更指控罪名的路径之一》，人民司法 2009 年第 6 期。

［160］徐莹：《从一事不再理原则看我国刑事再审程序》，太原师范学院学报（社会科学版）2007 年第 9 期。

［161］薛瞳瞳：《困境中的思考：刑事判断既判力浅析》，重庆文理学院学报（社会科学版）2006 年第 5 期。

［162］杨虹：《比较法视野中的公诉变更制度之完善》，国家检察官学院学报 2003 年第 10 期。

［163］杨宏亮：《单位犯罪诉因变更若干问题研究》，检察实践 2005 年第 6 期。

［164］杨建民：《公诉变更的制度构建与法律效力探讨》，理论建设 2008

年第 10 期。

　　[165] 杨杰辉：《英美法中诉因记载的法定要求及其借鉴意义》，新闻实践 2004 年第 6 期。

　　[166] 杨杰辉：《刑事审判对象研究》，西南政法大学 2006 年。

　　[167] 杨杰辉：《犯罪构成要件视野下的刑事审判对象问题研究》，中国刑事法杂志 2009 年第 5 期。

　　[168] 杨杰辉、温馨：《英美法诉因制度及其评析》，中国刑事法杂志 2009 年第 10 期。

　　[169] 杨柳青：《法院主动启动再审未必违背控审分离原则——以刑诉为主要论域》，社会科学家 2008 年第 3 期。

　　[170] 杨明：《刑事追诉权的限度之维———一事不再理原则在审前程序中的合理定位》，辽宁大学学报（哲学社会科学版）2007 年第 7 期。

　　[171] 杨雪会、杨芳芳：《略论刑法溯及力与既判力的关系》，漯河职业技术学院学报 2008 年第 7 期。

　　[172] 叶桂林：《刑事控审分离原则研究》，安徽大学 2011 年。

　　[173] 银福成：《刑事诉讼控审分离原则研究》，内蒙古大学 2005 年。

　　[174] 银福成：《我国刑事诉讼控审分离原则的现状与完善》，内蒙古师范大学学报（哲学社会科学版）2006 年第 2 期。

　　[175] 银福成、王银霞：《论刑事诉讼控审分离原则法理基础》，前沿 2007 年第 11 期。

　　[176] 于淼：《一事不再理原则与我国刑事再审制度》，东方企业文化 2011 年第 7 期。

　　[177] 袁会丽、吴洪峰：《我国法院变更指控罪名制度的构建》，法制与社会 2010 年第 3 期。

　　[178] 岳申：《浅论法院变更指控罪名与司法公正》，阜阳师范学院学报

（社会科学版）2005 年第 3 期。

［179］查小燕子：《论刑事诉讼中的一事不再理原则》，四川大学 2006 年。

［180］章海：《刑事诉讼法律关系若干问题探讨》，法商研究（中南政法学院学报）1995 年第 5 期。

［181］张琛华：《公诉转自诉制度问题》，山西经济管理干部学院学报 2005 年第 3 期。

［182］张道伟：《一事不再理原则研究》，中国政法大学 2011 年。

［183］张德咏、江显和：《刑事再审制度改革的理性思考——以一事不再理原则为视角》，人民司法 2006 年第 5 期。

［184］张改清、韦鹏：《论刑事审判监督程序的提起主体——从控审分离的视角审视》，河北法学 2003 年第 6 期。

［185］张弘：《诉因与公诉事实：两种公诉方式之效力评析》，青岛科技大学学报（社会科学版）2007 年第 3 期。

［186］张剑秋：《刑事再审程序性质研究——兼论实体真实主义与既判力之间的矛盾》，中国刑事法杂志 2003 年第 6 期。

［187］张磊、袁二方：《论〈国际刑事法院规约〉中的一事不再理原则》，华北水利水电学院学报（社科版）2007 年第 2 期。

［188］张琳琳：《日本诉因制度研究综述》，北京广播电视大学学报 2007 年第 3 期。

［189］张琳琳：《诉因制度在我国的构建》，中国司法 2008 年第 11 期。

［190］张明新：《论法院变更指控罪名直接定罪的得失》，江苏公安专科学校学报 2001 年第 4 期。

［191］张瑞：《禁止重复追诉原则研究》，南京师范大学 2011 年。

［192］张伟：《试论刑事附带民事诉讼判决的既判力》，河南省政法管理

干部学院学报 2005 年第 6 期。

[193] 张小玲：《论公诉变更权》，中国刑事法杂志 1999 年第 4 期。

[194] 张小玲：《刑事诉讼客体论》，中国政法大学 2004 年。

[195] 张小玲：《我国刑事诉讼客体再研究》，法制与社会 2009 年第 6 期。

[196] 张小玲：《我国刑事诉讼客体再探究》，政法论坛 2010 年第 1 期。

[197] 张晓薇、牛振宇：《刑事既判力与刑法溯及力的价值冲突域协调》，江西社会科学 2007 年第 8 期。

[198] 张烜：《论刑事诉讼的一事不再理》，法制与社会 2011 年第 9 期。

[199] 张学军、肖丽萍、敖荧：《刑事诉讼客体论》，云南法学 1994 年第 4 期。

[200] 张毅：《论一事不再理原则对刑事再审的规制》，中国司法 2006 年第 9 期。

[201] 张泽涛：《法院变更指控罪名的法理分析》，法制日报，2002-03-31。

[202] 张泽涛：《我国起诉书撰写方式之缺陷及其弥补——以诉因制度与起诉书一本主义为参照系》，法商研究 2007 年第 3 期。

[203] 张泽涛：《禁止重复追诉研究——以大陆法系既判力理论为切入点》，法律科学（西北政法学院学报）2007 年第 7 期。

[204] 张泽涛：《诉因与公诉方式改革》，中外法学 2007 年第 2 期。

[205] 张子培：《论不告不理原则》，法学评论 1991 年第 2 期。

[206] 赵娟：《论禁止双重危险原则中的同一性问题——以美国法律实践为视角》，河南公安高等专科学校学报 2008 年第 4 期。

[207] 赵丽霞：《论控审分离原则在审前程序中的要求》，忻州师范学院学报 2005 年第 3 期。

［208］赵钟、刘晖：《一事不再理与我国刑事再审程序的重构》，河南司法警官职业学校学报 2006 年第 12 期。

［209］郑碧爽：《刑事裁判既判力原则刍议——论我国刑法第 12 条第 2 款》，牡丹江大学学报 2009 年第 12 期。

［210］周春燕：《犯罪构成与诉因理论研究》，复旦大学 2009 年。

［211］周菁：《试论日本诉因制度之借鉴》，国家检察官学院学报 2003 年第 1 期。

［212］周敏：《刑事诉因制度研究》，西南政法大学 2011 年。

［213］周平：《论刑事诉讼的一事不再理原则》，法制与社会 2010 年第 2 期。

［214］周山：《法院变更指控罪名问题研究》，太原科技大学 2007 年。

［215］周山：《关于法院变更指控罪名问题的探讨》，太原科技大学学报 2009 年第 4 期。

［216］周松杉：《法院变更指控罪名新议》，人民法院报，2007－11－28。

［217］朱叶：《论刑事诉讼上的一事不再理原则》，社会科学辑刊 2004 年第 1 期。

［218］祝志军：《论我国刑事诉讼一事不再理原则》，南昌大学 2008 年。

三、外文译著

［1］［古希腊］亚里士多德：《政治学》，吴寿彭译，商务印书馆 1981 年版。

［2］［法］笛卡尔：《哲学原理》，关琪桐译，商务印书馆 1958 年版。

［3］［法］卡斯东·斯特法尼、乔治·勒瓦索、贝尔纳·布洛克：《法国刑事诉讼法精义》，罗结珍译，中国政法大学出版社 1999 年版。

［4］［法］马里旦：《人和国家》，霍宗彦译，商务印书馆 1964 年版。

［5］［法］孟德斯鸠：《论法的精神》，张雁深译，商务印书馆 1961 年版。

［6］［法］卢梭：《社会契约论》，何兆武译，商务印书馆 1982 年版。

［7］［法］托克维尔：《论美国的民主》，董果良译，商务印书馆 1988 年版。

［8］［法］卡斯东·斯特法尼、乔治·勒索瓦、贝尔纳·布洛克：《法国刑事诉讼法精义》，罗结珍译，中国政法大学出版社 1999 年版。

［9］［法］《法国刑法典、刑事诉讼法典》，罗结珍译，国际文化出版公司 1997 年版。

［10］［法］《法国刑事诉讼法》，余叔通、谢朝华译，中国政法大学出版社 1997 年版。

［11］［德］《德国刑事诉讼法典》，李昌珂译，中国政法大学出版社 1995 年版。

［12］［德］汉斯·海因里希·耶塞克、托马斯·魏根特：《德国刑法教科书》［总论］，徐久生译，中国法制出版社 2001 年版。

［13］［德］奥特马·尧厄尼希：《民事诉讼法》，周翠译，法律出版社 2003 年版。

［14］［德］马克思、恩格斯：《马克思恩格斯全集》，第 1 卷，人民出版社 1956 年版。

［15］［德］马克思、恩格斯：《马克思恩格斯全集》，第 3 卷，人民出版社 1960 年版。

［16］［德］马克思、恩格斯：《马克思恩格斯全集》，第 8 卷，人民出版社 1961 年版。

［17］［德］马克思、恩格斯：《马克思恩格斯选集》，第 1 卷，人民出版社 1972 年版。

［18］［德］费尔巴哈：《费尔巴尔哈哲学著作选集》，荣震华、李金山等译，商务印书馆1984年版。

［19］［德］弗兰茨·冯·李斯特：《德国刑法教科书》，徐久生译，法律出版社2000年版。

［20］［德］黑格尔：《法哲学原理》，范扬、张企泰译，商务印书馆1982年版。

［21］［德］黑格尔：《历史哲学》，王造时译，上海书店出版社1999年版。

［22］［德］黑格尔：《哲学史讲演录》，第2卷，贺麟、王太庆译，商务印书馆1983年版。

［23］［德］康德：《纯粹理性批判》，蓝公武译，商务印书馆1960年版。

［24］［德］康德：《道德形而上学原理》，苗力田译，上海人民出版社1986年版。

［25］［德］康德：《法的形而上学原理——权利的科学》，沈叔平译，商务印书馆1991年版。

［26］［德］康德：《历史理性批判文集》，何兆武译，商务印书馆1997年版。

［27］［德］克劳思·罗科信：《刑事诉讼法》，吴丽琪译，法律出版社2003年版。

［28］［德］拉德布普赫：《法律智慧赞句集》，舒国洼译，中国法制出版社2001年版。

［29］［德］拉德布鲁赫：《法学导论》，米健、朱林译，中国大百科全书出版社1997年版。

［30］［德］拉伦茨：《法学方法论》，陈爱娥译，商务印书馆2003年版。

［31］［德］叔本华：《作为意志和表象的世界》，石冲白译，商务印书馆

1982 年版。

　　[32]［德］托马斯·魏根特：《德国刑事诉讼程序》，岳礼玲、温小洁译，中国政法大学出版社 2004 年版。

　　[33]［俄］《俄罗斯联邦刑事诉讼法典》，黄道秀译，中国政法大学出版社 2002 年版。

　　[34]［韩］《韩国刑事诉讼法》，马相哲译，中国政法大学出版社 2004 年版。

　　[35]［英］阿克顿：《自由与权力：阿克顿勋爵论说文集》，侯健、范亚峰译，商务印书馆 2001 年版。

　　[36]［英］彼得·斯坦、约翰·香德：《西方社会的法律价值》，王献平译，中国人民公安大学出版社 1990 年版。

　　[37]［英］弗兰西斯·培根：《培根人生论》，何新译，陕西师范大学出版社 2002 年版。

　　[38]［英］霍布斯：《利维坦》，黎思复、黎廷弼译，商务印书馆 1985 年版。

　　[39]［英］卡尔·波普尔：《通过知识获得解放》，范景中、李本正译，中国美术学院出版社 1996 年版。

　　[40]［英］罗杰·科特威尔：《法律社会学导论》，潘大松、刘丽君、林燕萍、刘海善译，华夏出版社 1989 年版。

　　[41]［英］梅因：《古代法》，沈景一译，商务印书馆 1996 年版。

　　[42]［英］雷蒙·威廉斯：《关键词：文化与社会的词汇》，刘建基译，生活·读书·新知三联书店 2005 年版。

　　[43]［英］《英国刑事诉讼法（选编）》，程味秋、陈瑞华、杨宇冠等译校，中国政法大学出版社 2001 年版。

　　[44]［美］艾伦·德肖微茨：《最好的辩护》，唐东交译，法律出版社

1994 年版。

[45]〔美〕爱伦·豪切斯泰勒·斯黛丽、南希·弗兰克:《美国刑事法院诉讼程序》,陈卫东、徐美君译,中国人民大学出版社 2002 年版。

[46]〔美〕伯纳德·施瓦茨:《美国法律史》,王军、洪德、杨静辉译,中国政法大学出版社 1990 年版。

[47]〔美〕波斯纳:《法律的经济分析》,蒋兆康、林毅夫译,中国大百科全书出版社 1997 年版。

[48]〔美〕博西格诺等:《法律之门:法律过程导论》,邓子滨译,华夏出版社 2002 年版。

[49]〔美〕德沃金:《法律帝国》,李常青译,中国大百科全书出版社 1996 年版。

[50]〔美〕汉密尔顿、杰伊、麦迪逊:《联邦党人文集》,程逢如、在汉、舒逊译,商务印书馆 1980 年版。

[51]〔美〕亨德里克·房龙:《宽容》,连卫、靳翠微译,生活·读书·新知三联书店 1985 年版。

[52]〔美〕杰弗里·C、哈泽德、米歇尔·塔鲁伊:《美国民事诉讼法导论》,张茂译,中国政法大学出版社 1999 年版。

[53]〔美〕罗斯科·庞德:《普通法的精神》,唐前宏、廖湘文、高雪原译,法律出版社 2001 年版。

[54]〔美〕孟罗·斯密:《欧陆法律发达史》,姚梅镇译,中国政法大学出版社 1999 年版。

[55]〔美〕米尔伊安·R.达玛什卡:《司法和国家权力的多种面孔——比较视野中的法律程序》,郑戈译,中国政法大学出版社 2004 年版。

[56]〔美〕P.诺内特、P.塞尔兹尼克:《转变中的法律与社会:迈向回应型法》,张志铭译,中国政法大学出版社 2004 年版。

［57］［美］乔治·霍兰·萨拜因：《政治学说史》，盛葵阳、崔妙因译，商务印书馆 1986 年版。

［58］［美］亚历克斯·卡利尼克斯：《平等》，徐朝友译，江苏人民出版社 2003 年版。

［59］［美］伟恩·R. 拉费弗、杰罗德·H. 伊斯雷尔、南西·J. 金：《刑事诉讼法》，卞建林、沙丽金等译，中国人政法大学出版社 2003 年版。

［60］［美］约翰·亨利·梅利曼：《大陆法系——西欧拉丁美洲法律制度介绍》，顾培东、禄正平译，知识出版社 1984 年版。

［61］［美］约翰·罗尔斯：《正义论》，何怀宏、何包钢、廖申白译，中国社会科学出版社 1988 年版。

［62］［美］詹姆斯·安修：《美国宪法解释与判例》，黎建飞译，中国政法大学出版社 1994 年版。

［63］［美］埃德加·博登海默：《法理学——法律哲学和方法》，张智仁译，上海人民出版社 1992 年版。

［64］［美］《美国联邦刑事诉讼规则和证据规则》，卞建林译，中国政法大学出版社 1996 年版。

［65］［加］《加拿大刑事法典》，卞建林等译，中国政法大学出版社 1999 年版。

［66］［意］贝卡里亚：《论犯罪与刑罚》，黄风译，中国大百科全书出版社 1993 年版。

［67］［意］彼德罗·彭梵得：《罗马法教科书》，黄风译，中国政法大学出版社 1992 年版。

［68］［意］戴维·奈尔肯：《比较刑事司法论》，张明楷等译，清华大学出版社 2004 年版。

［69］［意］恩里科·菲利：《犯罪社会学》，郭建安译，中国人民公安大

学出版社 1990 年版。

[70][意]菲利:《实证派犯罪学》,郭建安译,中国政法大学出版社 1987 年版。

[71][意]切萨雷·龙勃罗梭:《犯罪人论》,黄风译,中国法制出版社 2005 年版。

[72][意]朱塞佩·格罗索:《罗马法史》,黄风译,中国政法大学出版社 1994 年版。

[73][意]《意大利刑事诉讼法典》,黄风译,中国政法大学出版社 1994 年版。

[74][日]谷口安平:《程序的正义与诉讼》,王亚新、刘荣军译,中国政法大学出版社 2002 年版。

[75][日]河合弘之:《律师职业》,康树华译,法律出版社 1987 年版。

[76][日]棚濑孝雄:《纠纷的解决与审判制度》,王亚新译,中国政法大学出版社 2004 年版。

[77][日]松尾浩也:《日本刑事诉讼法》,丁相顺、张凌译,中国人民大学出版社 2005 年版。

[78][日]田口守一:《刑事诉讼法》,刘迪、张凌、穆津译,法律出版社 2000 年版。

[79][日]西园春夫:《日本刑事法的形成与特色》,李海东等译,法律出版社与成文堂 1997 年版。

[80][日]小野清一郎:《犯罪构成要件理论》,王泰译,中国人民公安大学出版社 2004 年版。

[81][日]中村英郎:《新民事诉讼法讲义》,陈刚、林剑锋、郭美松译,法律出版社 2001 年版。

[82][日]《日本刑事诉讼法》,宋英辉译,中国政法大学出版社 2000

年版。

［83］［日］铃木茂嗣：《刑事诉讼的基本构造——审判对象论序说》，成文堂昭和54年版。

［84］［日］土本武司：《日本刑事诉讼法要义》，董璠舆、宋英辉译，五南图书出版有限公司1997年版。

［85］T. P. 贝莱扎：《〈澳门刑事诉讼法典〉中诉讼客体之变更》，《澳门法律学刊》（第四卷第一期）。

［86］《澳门刑法典·澳门刑事诉讼法典》，澳门政府法律翻译办公室译，中国政法大学澳门研究中心、澳门政府法律翻译办公室编，法律出版社1997年版。

四、英文著作

［1］Andrew Sanders and Richard Young, Criminal Justice, Butterworths, 2000.

［2］Black's Law Dictionary, West Publishing Company, 1979.

［3］Jay A. Sigler, Double Jeopardy, Cornell University Press, 1969.

［4］John Sprack, Emminson Criminal Procedure, Blackstone Press Limited, 2000.

［5］Oliver Wendell Holmes, The Path of the Law, Harvard L. Rev, Vol. 10.

［6］R. A. Duff, Trial and Punishment, Cambridge University Press, 1986.

［7］Ronald L. Carlson, Criminal Justice Procedure, Anderson Publishing Co, 1991.

［8］Ronald Jay Allen, William J. Stuntz, Joseph L. Hofbnann, Debra A. Livingston, Comprehensive Criminal Procedure, Wolters Kluwer Law & Business, 2016.

［9］Criminal Procedure, Aspen Publishers, INC. , 2003.

［10］Willard, The Seventeenth Century Indictment in the Light of Modern

Conditions, HarvardL. Rev, Vo1. 24.

[11] Yale Kamisar, Wayne R. Lafave, Jerold H. Israel, Nancy King, Modern Criminal Procedure. West Group, 1999.

[12] Shigemitsu Dando, Japanese Criminal Procedure, Translated by B. J. George, Jr. Fred B. Rothman & Co.

[13] John Sprack, Emmins on Criminal Procedure, Blackstone Press Limited.

[14] Jerold H. Israel & WayneR. Lafava, Criminal Procedure, West Group.

[15] Charles H. Whitebread, Criminal Procedure—An Analysis of Constitutional Cases and Concepts, The Foundation Press, Inc.

[16] James E. Scarboro & James B. White, Constitutional Criminal Procedure, The Foundation Press, Inc.

[17] Joseph G. Cook & Paul Marcus, Criminal Procedure, Matthew Bender & Company Inc.

五、英文案例

[1] Ashe v. Swenson, 397 U. S. 436, 90S. Ct. 1189, 25 L. Ed. 2d469 (1970).

[2] Benton v. Maryland, 395 U. S. 784, 89S. Cc. 2056, 23 L. Ed. 2d707 (1969).

[3] Blockburger v. United States, 284 U. S. 299, 52S. Ct. 180, 76L. Ed. 306 (1932).

[4] Crist v. Bretz, 437U. S. 28, 98 S. Ct. 2156, 57 L. Ed. 2d24 (1978).

[5] Green v. United States, 355U. S. 184, 78S. Ct. 221, 2L. Ed. 2d199 (1957).

[6] Illinois v. Stale, 447U. S. 410, 100S. Ct. 2260, 65L. Ed. 2d228 (1980).

［7］ Lockhart v. Nelson, 488U. S. 33, 109S. Ct. 285, 102L. Ed. 2d265（1988）.

［8］ North Carolina v. Pearce, 395U. S. 711, 89S. Ct. 2072, 23L. Ed. 2d656（1969）.

［9］ Russell v. United States, 369U. S. 749, 82S. Ct. 1038, 8L. Ed. 2d240（1962）.

［10］ Sanabria v. United States, 437U. S. 54, 98S. Ct. 2170, 57L. Ed. 2d43（1978）.

［11］ United States v. Ball, 163U. S. 662, 16S. Ct. 1192, 41L. Ed. 300（1896）.

［12］ United States v. DiFrancesco, 499U. S. 117, 101S. Ct. 426, 66L. Ed. 2d328（1980）.

［13］ United States v. Scott, 437U. S. 82, 98S. Ct. 2187, 57L. Ed. 2d65（1978）.

六、日文著作

［1］安富潔，訴因論，月刊アーテイタル，186，2001.9。

［2］大久保太郎，「審判の対象」の現実的考察—公訴事実対象説の実情と訴因対象説への疑問，法曹時報，36（3），1984.3。

［3］横川敏雄，訴因と公訴事実との関係——早稲田大学における最終講義，早稲田法学，59（1~3），1984。

［4］鈴木茂嗣，刑事訴訟の基本構造——成文堂，1979年。

［5］鈴木茂嗣，刑事訴訟法，青林書院，1988年。

［6］平良木登規男，訴因と公訴事実，警察学論集，54（3），2001.3；54（4），2001.4。

［7］平野龍一，刑事公訴法，有斐閣，1958年。

［8］平野龍一，訴因と証拠，有斐閣，1981 年。

［9］上口裕，審判の対象と裁判の効力，法学ヤミナー，44
（12），1999. 12。

［10］田宮裕，一事不再理の原則，有斐閣，1978 年。

［11］田宮裕，刑事訴訟法，有斐閣，1996 年。

［12］田口守一，争点と訴因，刑事法の理論と突践，西原春夫〔ほか〕
編，第一法規出版，2002. 11。

［13］団藤重光，新刑事訴訟法綱用，創文社，1972 年。

［14］香城敏麿，訴因制度の構造，判例時報，1236，1987. 8. 11；1238，
1987. 8. 21；1240，1987. 9. 11。

［15］小林充，訴因と公訴事実，判例タイムズ，38（25），1987，11. 1。

后　记

　　几千年来，中国都是一个农业社会和农业大国，在中国共产党的领导下，仅仅用了几十年就成功地实现了从农业国向工业国的转化。这种转化速度是如此惊人。大力发展轻工业，让中国制造出了各国人民衣食住行所需要的所有门类的产品；而重点发展重工业则使中国的机械设备占据了全球千百万个车间厂房。在中国共产党的领导下，中国科学技术在改革开放的四十几年间以世所罕见的速度飞跃式发展。我上小学时还在与同学分享《飞碟探索》中的外星人故事，刚刚了解苏联航天员进入太空和美国阿波罗登月计划，与科幻故事一般遥不可及的载人航天和空间站仅仅在十几年后，自1999年开始，居然就在我国逐一实现了。中国不但实现了载人航空，而且继苏联之后成为了第二个单独拥有空间站的国家。中国的科学工作者取得了让世界各国为之震惊的巨大成就，不过载人航天也仅仅只是其中一个光彩夺目的领域，诸如此类的科学技术进步不胜枚举。新中国成立初期就提出的四个现代化，在改革开放初期被重新定义为我国社会主义建设的目标"中国式的四个现代化"——"工业现代化、农业现代化、科学技术现代化和国防现代化"。现在，我们可以自豪地宣布，这四个现代化都已经实现。

　　随着中国经济几十年的高速发展，中国的司法制度也日臻完善，取得了举世瞩目的成就和进步。党的十八大以来推进的一系列司法改革，更是使社会主义法律体系不断成熟完善，极大地发展了社会主义民主法治。鉴于篇幅所限，很难对我国每一个制度和程序的进步都进行详细梳理和分析，本书只能选取若干具有中国特色的刑事司法制度和程序，加以观察分析和研究，管中窥豹，对我国司法进步进行多视角多层次分析。

《刑事司法制度管窥——法治进步的多视角分析》一书分五章对中国刑事司法制度的进步进行多视角分析，是笔者研习刑事诉讼法十几年来的一些心得。因成书仓促，肯定有不少错漏之处，还请读者诸君和专家学者批评指正。本书是我的第八本专著和第九本学术作品，我要感谢我的博士导师中国人民公安大学崔敏教授、博士后导师中国社会科学院法学研究所王敏远研究员以及北京大学陈瑞华教授和法学研究所刘仁文研究员，感谢他们给予我的指导。同时，我要感谢牛津大学法学院犯罪学中心和北京大学人权硕士项目，感谢它们给予我的研究思路和人权法学知识。我还要感谢司法改革试点省区相关法院、检察院为我们的研究提供的便利，以及各法院、检察院网站的官方宣传资料和文章。所有这些，都对相关研究和分析提供了巨大帮助。

在撰写本书时，张克锋主任和孟宪明主任给予了我很大的支持与帮助，他们丰富的司法经验和深厚的理论基础为本书的撰写增光添彩。这两位实务专家的贡献使本书的研究更加具体翔实，与司法实践的衔接更加紧密，避免了不切实际的象牙塔式的空谈，在此向他们致以诚挚的感谢！

为天地立心，为生民立命，为往圣继绝学，为万世开太平，既是传统知识分子的家国情怀，也是当代法学研究者应有的历史使命，让我们携手，继续砥砺前行。